DR. RENATO FARIA LOBO

CORAÇÃO FORTE

OS SEGREDOS PARA CONQUISTAR O SUCESSO SEM DESCUIDAR DA SAÚDE

DR. RENATO FARIA LOBO

CORAÇÃO FORTE

OS SEGREDOS PARA CONQUISTAR O SUCESSO SEM DESCUIDAR DA SAÚDE

EDITORA SAVI

CORAÇÃO FORTE – Os Segredos para Conquistar o Sucesso Sem Descuidar da Saúde

Head Publisher: Bruno Valente

Revisão e Assistente Editorial: Daniela Sá

Diagramação: LivroEbook Diagramação e Design

NOTA: O livro ***CORAÇÃO FORTE*** não substitui as consultas presenciais a um médico, nutricionista ou educador físico. Consulte seu médico, nutricionista ou educador físico e siga todas as recomendações prescritas a você, que podem variar de pessoa para pessoa. Colocar em prática as recomendações deste livro é essencial para alcançar bons resultados. No entanto, são a dedicação, a motivação e as demais individualidades que determinarão os resultados finais e permanentes.

Todos os casos apresentados ao longo do livro são baseados em histórias de pacientes reais. No entanto, foram alterados seus nomes e informações pessoais a fim de preservar suas identidades.

ISBN: 978-65-83040-00-8

EDITORA SAVI

Site: www.editorasavi.com.br

e-mail: contato@editorasavi.com.br

AGRADECIMENTOS

Este livro é um grande marco em minha vida. Após ter encontrado meu propósito de vida, Deus tem agido de várias maneiras me fazendo conseguir alcançar cada vez mais corações. Portanto, primeiramente agradeço a Ele por me capacitar e pela oportunidade de fazer diferença nas vidas das pessoas.

Quero ainda agradecer a minha esposa, Agatha Lobo, meu alicerce. Dentre várias e várias horas dedicadas à escrita deste material, ela sempre esteve ao meu lado, me apoiando e dando todo o suporte necessário. Também gostaria de agradecer aos meus pais, fonte de diversos ensinamentos diários que me motivaram a chegar até aqui.

Ainda agradeço aqui a todos os meus mestres, principalmente aos chefes dos serviços de cardiologia de minha formação, que sempre foram grandes inspirações, e hoje são grandes amigos, incluindo um agradecimento especial pelo prefácio do livro.

E, por fim, e não menos importante, agradeço a cada um dos pacientes por mim atendidos. Desde àqueles durante minha especialização, os quais me oportunizaram poder aprender através de suas queixas e dores, até os pacientes recentemente atendidos pelo *Protocolo 12 por 8,* os quais pude me sentir extremamente realizado ao ser capaz de promover excelentes resultados através da implementação de técnicas comportamentais baseadas em evidências científicas, as quais geraram mudanças eficazes e permanentes no estilo de vida desses pacientes, proporcionando uma melhor qualidade de vida e prevenindo doenças cardiovasculares futuras.

DEDICATÓRIA

Dedico este livro a todos os meus pacientes e àqueles que estão buscando uma melhora de sua saúde através de uma mudança significativa em seu estilo de vida.

PREFÁCIO

Em um mundo que nunca para, onde o tempo é um recurso cada vez mais escasso e o estresse uma constante, a saúde do coração pode ser facilmente negligenciada. Como cardiologista e professor, tenho testemunhado inúmeros avanços na medicina capazes de tratar doenças muitas vezes graves, porém, continuo convencido de que a prevenção ainda é o melhor caminho para a saúde plena.

"*Mas não é fácil manter um estilo de vida saudável*", muitos argumentam. No entanto, ainda mais difícil é lidar com as consequências, muitas vezes irreversíveis, de doenças cardiovasculares progressivas e impiedosas. As escolhas cotidianas exercem sobre nosso coração um impacto profundo. Da alimentação a exercícios físicos, do gerenciamento de estresse à qualidade do sono, cada aspecto de nossas vidas está intrinsecamente ligado à saúde desse órgão essencial. Neste livro, Dr. Renato Lobo reforça essa crença, demonstrando com clareza e precisão que a verdadeira chave para a saúde cardiovascular reside nas decisões diárias que fazemos.

"***Coração Forte***" não é apenas um manual médico; é um guia para viver bem. Com uma abordagem que equilibra a ciência médica e conselhos práticos e motivadores, Dr. Renato encoraja todos nós a assumir as rédeas de nossa saúde cardiovascular. Ele não apenas explica o que faz o coração bater mais forte e saudável, mas também fornece estratégias realistas para integrar esses princípios em nosso dia a dia agitado. Histórias de pacientes e exemplos pessoais enriquecem a narrativa, tornando o livro um companheiro próximo e confiável nessa jornada.

Este livro desafia o leitor a reavaliar a própria vida e a fazer escolhas conscientes em favor de um coração mais saudável. É uma chamada à ação: para que não só compreendamos a importância da nossa saúde cardiovascular, mas também tomemos medidas concretas e consistentes para cuidar dela. Seja você um profissional atarefado, um cuidador, um jovem que busca envelhecer saudavelmente ou alguém que já se encontra em tratamento para alguma condição, as lições aqui contidas são inestimáveis.

Ao ler "***Coração Forte***", é impossível não se sentir inspirado a cuidar melhor de si mesmo. A vida ganha mais sentido quando podemos desfrutá-la junto daqueles que amamos e com muita saúde e disposição. Que este livro seja seu companheiro na jornada para um coração saudável e um viver vibrante.

Dr. Humberto Graner Moreira
Cardiologista e professor da Faculdade de Medicina da Universidade Federal de Goiás.
Ex-Presidente da Sociedade Brasileira de Cardiologia de Goiás.
Dedica grande parte de sua prática à assistência e cuidado de seus pacientes e à educação médica.

SUMÁRIO

CAPÍTULO 4
O PODER DO SONO NA PERFORMANCE

CAPÍTULO 5
ATIVIDADE FÍSICA E RESISTÊNCIA CARDÍACA

CAPÍTULO 6
EQUILÍBRIO MENTAL E EMOCIONAL

CAPÍTULO 7
REPOSIÇÃO HORMONAL E VITALIDADE

CAPÍTULO 8
PREVENÇÃO E MANUTENÇÃO A LONGO PRAZO DO SEU CORAÇÃO FORTE

CONSIDERAÇÕES FINAIS

INTRODUÇÃO: A IMPORTÂNCIA DA SAÚDE CARDÍACA

Em um mundo movido pela inovação, competitividade e ritmo acelerado, muitos se encontram constantemente imersos em um turbilhão de atividades, buscando alcançar o sucesso em suas carreiras e negócios. No entanto, nesse frenesi, é fácil esquecer um aspecto fundamental de nossa existência: a nossa própria saúde.

Entendo perfeitamente esse cenário porque, mesmo sendo médico, em meus tempos de residência acabei também caindo nessa armadilha. Como muitos sabem, a residência é um período de enorme dedicação na formação profissional do médico, bem mais intensa do que a própria formação acadêmica, exibindo muitas horas de trabalho, muitas horas de estudo, principalmente por causa da prova de residência médica conhecida como R3, um tipo de concurso, uma subespecialização. No meu caso, meu alvo era a cardiologia, uma verdadeira paixão.

Foram dois anos intensos dedicados à residência de clínica médica, durante os quais, preciso confessar, acabei me descuidando da minha própria saúde. Como consequência, comecei a engordar, deixei de lado a atividade física por causa da demanda dos plantões e me alimentava da pior forma possível. Em cada plantão era inevitável pedir pizza, sanduíche e coisa do tipo, e ainda convidava os técnicos de enfermagem para entrarem na farra comigo. Não demorou muito para os números na balança começarem a subir.

Sem falar da enorme privação de sono que vivi durante muito tempo por conta do trabalho. E quando eu estava em casa e podia dormir, quem disse que a insônia me deixava pegar no sono? Passei a ver o meu rendimento de produtividade despencando gradativamente por causa da perturbação do sono, a ponto de ter o meu foco igualado a zero, sendo desatento até mesmo durante as atividades de trabalho. Passou a se tornar comum eu fazer as visitas de enfermaria sem praticamente qualquer capacidade de raciocínio, tudo no mecanicismo da rotina do dia-a-dia. Sem falar no cansaço e desmotivação constantes. Cheguei a ter um episódio de infecção urinária por falta de ingestão de água. Sobrepeso, pré-hipertenso, com glicemia elevada e colesterol alto. Esse era o Renato durante a parte final do período de residência.

Eu precisava contornar essa situação. Não só se eu quisesse ser bem-sucedido na carreira médica, mas também se eu pretendia viver muito mais anos. Eu precisava urgentemente recuperar a minha saúde e, por consequência, a minha produtividade no trabalho. Foi então que passei a estudar a relação entre saúde, qualidade do sono e atividade física em relação à alta performance e assim, definindo de uma vez por todas que queria fazer cardiologia. Voltei aos treinos com a intensidade necessária para voltar a ter os mesmos resultados e rendimentos de antes.

E quanto mais estudava, mais percebia a ligação direta entre a cardiologia e a produtividade, algo que desenvolvi ao longo da minha carreira como médico cardiologista e que me permitiu ajudar centenas de pacientes em meu consultório a alcançarem um **Coração Forte**. E agora compartilho com você todo esse conhecimento de forma fundamentada e prática neste livro, a fim de que você estabeleça em sua vida as mudanças necessárias em seu estilo de vida para que mantenha a produtividade no trabalho enquanto continua cuidando da sua saúde, pois, como falei, se uma for preterida em relação à outra, as duas estarão fadadas ao fracasso.

Enfatizo que o coração, esse órgão vital que pulsa incansavelmente dentro de nós, desempenha um papel crucial não apenas em nossa vida pessoal, mas também em nosso sucesso empresarial. De fato, a saúde cardíaca não é apenas uma questão de longevidade; é um fator determinante que influencia diretamente nossa qualidade de vida, níveis de energia, clareza mental e capacidade de liderança.

O sedentarismo, a obesidade e uma dieta rica em sódio estão profundamente interligados ao aumento da pressão arterial, um dos principais fatores de risco para doenças cardiovasculares. A inatividade física contribui para o ganho de peso e a diminuição da eficiência do sistema cardiovascular, enquanto a obesidade, por si só, impõe um estresse adicional ao coração, exigindo que ele trabalhe mais para bombear sangue pelo corpo.

A combinação desses fatores não só eleva a pressão arterial mas também pode levar a uma piora progressiva da saúde cardiovascular, destacando a importância de manter um estilo de vida ativo, uma dieta balanceada e um peso saudável como medidas preventivas e terapêuticas essenciais no controle da hipertensão.

Na vida pessoal, um coração saudável é o alicerce sobre o qual construímos nossos sonhos, relacionamentos e experiências. Quando nosso coração está forte e saudável, somos capazes de desfrutar plenamente dos momentos preciosos com nossos entes queridos, perseguir nossas paixões com vigor e enfrentar os desafios da vida com resiliência.

No entanto, na correria do dia a dia, a importância da saúde cardíaca muitas vezes é subestimada. Empresários e empreendedores frequentemente se veem envolvidos em uma cultura que valoriza a produtividade acima de tudo, quase sempre às custas da saúde física e mental. Dessa forma, negligenciar a saúde do coração pode ter consequências devastadoras não apenas para o indivíduo, mas também para o sucesso e sustentabilidade de seus empreendimentos e da estruturação familiar.

Um exemplo disso é a história do meu paciente João, um empresário renomado na indústria de tecnologia. João dedicou anos de sua vida ao crescimento de sua empresa, trabalhando longas horas, enfrentando prazos apertados e lidando com uma pressão constante para inovar e competir no mercado. Ele sacrificou noites de sono, refeições saudáveis e momentos de lazer em nome do sucesso empresarial.

Porém, um dia, tudo mudou. João veio a me conhecer em uma das piores noites da sua vida. Ele havia sofrido um infarto aos 45 anos de idade e fui eu o cardiologista que o atendeu na emergência naquela madrugada. Ao passar por isso, João foi repentinamente confrontado com sua própria mortalidade e, enquanto lutava pela vida no hospital, uma série de pensamentos inundou sua mente. Ele se perguntou se todo o estresse e sacrifício valeram a pena. O risco de deixar sua família desamparada, caso ele não sobrevivesse, teria sido uma moeda de troca justa por tantos anos de esforço para fazer sua empresa crescer e acelerar? Será que valia a pena morrer por um CNPJ?

Felizmente, João sobreviveu ao infarto, mas a experiência o transformou profundamente. Ele percebeu que, apesar de seu sucesso profissional, sua saúde estava em frangalhos devido ao estresse e ao estilo de vida desregulado. Ele entendeu que precisava fazer mudanças drásticas em sua vida, não apenas para garantir sua própria sobrevivência, mas também para ser um exemplo positivo para sua família e equipe.

Atualmente, João segue fazendo seu acompanhamento cardiológico com frequência e implementou mudanças importantes em seu estilo de vida. No entanto, para que isso ocorresse, ele precisou passar por incidente potencialmente fatal para que tivesse esse despertar em sua consciência. Espero que você, meu caro leitor, não precise passar pelo mesmo para também ter esse despertar. Desejo de verdade que este livro ajude você nesse processo sem precisar passar pelo pior.

A história de João serve como um lembrete poderoso de que a saúde cardíaca é um tesouro precioso que não pode ser ignorado em busca de sucesso profissional. Não importa quão ocupada seja sua agenda ou quão ambiciosos sejam seus objetivos, sua saúde deve ser sempre uma prioridade. Afinal, não há sucesso nos negócios que valha mais do que sua própria vida e bem-estar. Não existe CNPJ forte sem CPF forte, e não existe CPF forte sem um coração forte.

Nesta obra, exploraremos em detalhes a importância da saúde cardíaca tanto na vida pessoal quanto profissional. Descobriremos como cuidar do nosso coração não apenas nos torna mais saudáveis e indivíduos felizes , mas também líderes mais eficazes e empresários de sucesso. Este livro não é apenas um guia para uma vida com Coração Forte; é um manifesto para uma nova abordagem em relação à saúde e sucesso, tanto dentro quanto fora do mundo dos negócios.

Junte-se a nós nessa jornada rumo a um Coração Forte. O futuro da sua saúde e sucesso espera por você.

NÃO EXISTE CNPJ FORTE SEM CPF FORTE, E NÃO EXISTE CPF FORTE SEM UM CORAÇÃO FORTE.

CAPÍTULO 1

FUNDAMENTOS DA SAÚDE CARDÍACA

Ah, o coração. Esse pequeno órgão do tamanho de um punho que trabalha incansavelmente para nos manter vivos e funcionando todos os dias. Mas como realmente entendemos esse órgão vital e o que podemos fazer para garantir que ele continue nos servindo por muitos anos? Daremos uma olhada mais de perto nos fundamentos da saúde cardíaca e descobriremos como podemos cuidar melhor desse herói silencioso dentro de nós.

Vamos fazer uma viagem para dentro do seu peito. Feche os olhos e imagine um órgão do tamanho do seu punho bombeando sem cessar sangue para todos os cantos do seu corpo. Esse é o seu coração, uma maravilha da natureza que bate cerca de 100 mil vezes por dia, sem nunca pedir descanso.

O que faz o coração bater tão forte? Bem, ele é composto por quatro câmaras - duas superiores chamadas de átrios e duas inferiores chamadas de ventrículos. Essas câmaras trabalham em perfeita harmonia para bombear sangue oxigenado para o resto do corpo e receber sangue desoxigenado de volta dos tecidos. É uma dança sincronizada que mantém você vivo e funcionando.

Agora, vamos falar sobre alguns dos grandes aliados em operação por trás do seu coração. As artérias coronárias são como as estradas que levam oxigênio e nutrientes para o músculo cardíaco. Quando essas estradas ficam bloqueadas, seja por causa de placas de gordura ou coágulos de sangue, é quando o problema começa. Isso pode levar a condições sérias, como um ataque cardíaco. Para que esse sistema funcione sem problemas, é essencial manter as estradas desobstruídas.

É possível sabermos se essas nossas estradas estão começando a ser bloqueadas? É claro que sim! Temos a chance de fazer isso antes mesmo que surja qualquer sinal ou sintoma de alerta. Aliás, é exatamente o que fazemos em um check-up cardiológico. Foi por isso que Pedro me procurou.

Pedro, 42 anos, é um empresário bem sucedido que já havia entendido a importância de ter um **coração forte**, afinal seu pai e seu avô faleceram de infarto por volta dos 45 anos e ele não estava disposto a passar pela mesma sina. Assim, realizamos um exame de escore de cálcio coronariano. Um exame simples, semelhante a uma tomografia sem contraste, no qual conseguimos avaliar o quanto de calcificação existe nas artérias coronárias. E - pasmem! - Pedro tinha um valor muito elevado, o que indicava um alto risco cardiovascular. Em resumo, Pedro possuía grandes chances da história do infarto fulminante em seus antepassados se repetir também com ele. Dessa forma, que sentido faria todo o esforço que dedicara todos esses anos em suas empresas? Como deixar sua esposa e filha logo agora em vias de ocorrer a tão planejada festa de quinze anos.

Essa foi a virada de chave para Pedro. Ele começou a realizar todas as medidas propostas pelo ***Protocolo 12 por 8*** (você ainda vai entender melhor sobre essas medidas e sua enorme importância mais à frente) e, um ano após, ele repetiu o exame de escore de cálcio e teve melhora significativa. Tenho a certeza de que, na próxima vez que for repetir novamente o exame, tal melhora será ainda maior. Ah, e a festa de quinze anos da filha foi incrivelmente linda! A atitude pró-ativa de Pedro de evitar o mesmo destino de seu pai e avô fez com que ele estivesse presente nesse dia dos sonhos para sua princesinha de quinze anos.

Sendo assim, a fim de entendermos o que de fato é um coração forte, precisamos compreender o que é coração fraco. *Coração fraco* é o que chamamos na cardiologia do paciente com insuficiência cardíaca. É quando o coração não consegue bombear todo o sangue que o organismo precisa.

A principal causa de insuficiência cardíaca, tanto no Brasil quanto no mundo, é a causa isquêmica, ou seja, o infarto, o infarto agudo do miocárdio. O infarto é a principal causa de morte no Brasil e no mundo. Então, o paciente que tem um infarto, se ele não morrer, ou seja, se sobreviver ao infarto, a chance dele ter um coração fraco é muito alta.

Precisamos atuar para que alguém que tenha um coração fraco passe a ter um coração forte. Quando o paciente já sofreu um inferno, é de fundamental importância fortalecermos o coração para que um infarto não volte a ocorrer. E uma das principais maneiras de se evitar o infarto é mantendo o controle da pressão. Ou seja, a hipertensão é a principal causa modificável que leva ao infarto.

Mas existem outros pontos. Por exemplo, a genética é algo que não conseguimos alterar, concorda? Cada um de nós carrega consigo a sua própria genética, e não podemos alterar isso de maneira tão fácil. Porém, o colesterol, conseguimos controlar. O diabetes, podemos controlar. A atividade física e o combate ao sedentarismo conseguimos controlar.

E quanto ao estresse? No dia a dia, quanto ao paciente que está vivendo ou a ponto de acionar um *burnout*[1], podemos sim intervir. A qualidade do sono influencia muito e também a espiritualidade - e ambas são total responsabilidade nossa e podemos atuar ativamente para que sejam incorporadas em nossa vida. Tenho certeza de que você já deve ter percebido que todos esses são os principais pontos negligenciados pela maioria daqueles que buscam ter um sucesso profissional sem cuidar da saúde.

1 Um burnout ocorre quando você se sente completamente esgotado, tanto física quanto emocionalmente, devido a um trabalho extremamente estressante e desgastante. É como se sua bateria estivesse totalmente descarregada, e você não conseguisse mais encontrar energia ou motivação para lidar com as demandas do trabalho.

Então, infelizmente, muitas vezes, cometemos o grave erro de querer crescer profissionalmente negligenciando a saúde. Uma hora, essa conta vai chegar e o preço pode ser a sua própria vida. É indispensável saber equilibrar o sucesso profissional com a saúde do nosso coração e assim ter um coração forte também pra enfrentar os desafios e sustentar todo esse sucesso profissional. E como equilibrar o sucesso profissional com uma boa saúde cardíaca, obtendo um coração forte? É o que veremos a seguir.

ENTENDENDO O CORAÇÃO E SEUS CUIDADOS BÁSICOS

Primeiro, vamos desvendar o mistério por trás desse órgão tão vital. O coração é essencialmente uma bomba que impulsiona sangue rico em oxigênio para todo o corpo e garantindo que cada célula receba os nutrientes de que precisa para funcionar corretamente.

Para manter nosso coração feliz e saudável, precisamos cuidar dele com carinho. Isso significa adotar hábitos de vida saudáveis, como manter uma dieta equilibrada, fazer exercícios regularmente, controlar o estresse e evitar o tabagismo. Além disso, é importante estar ciente dos sinais de alerta que nosso corpo nos dá quando algo não está bem, como dor no peito, falta de ar e palpitações.

Vamos entender melhor esses sinais de alerta. Afinal, o peito dói? É claro que sim! Mas não estamos falando aqui daquele aperto no coração quando temos uma desilusão amorosa ou quando estamos com saudades. Essa dor é devido a uma ativação do nosso sistema nervoso. Já a dor originada no peito indicando algum problema cardíaco é que o chamamos de ***angina***. A dor típica traz uma sensação de aperto ou queimação no peito, que pode se irradiar para os braços, costas e pescoço, possivelmente desencadeada por algum esforço físico, com duração inferior a 20 minutos e que melhora com o repouso.

> **Atenção**: *Essa dor é um sinal máximo de alerta do coração. Ele está te avisando que está ficando cada vez mais fraco e que a qualquer hora pode parar. Recomendo que você jamais ignore esses sintomas e não espere chegar até tal ponto crítico. Vejamos como podemos prevenir tudo isso com bastante antecipação.*

FATORES QUE TORNAM O CORAÇÃO FRACO

Existem alguns vilões que ameaçam a saúde do nosso coração a ponto de torná-lo fraco: os fatores de risco cardíaco. Tratam-se dos hábitos e condições que aumentam nossa probabilidade de desenvolver doenças cardíacas, como hipertensão arterial, diabetes, obesidade, tabagismo e falta de atividade física. No entanto, não entre em pânico ainda! Existem maneiras de mitigar esses fatores de risco e proteger nosso coração.

Uma das melhores maneiras de manter nosso coração em forma é adotar um estilo de vida saudável e equilibrado. Isso inclui comer uma dieta rica em frutas, vegetais, grãos integrais e proteínas magras, limitar a ingestão de gorduras saturadas e trans, e reduzir o consumo de sal e açúcar. Além disso, devemos nos esforçar para manter um peso saudável, fazer exercícios regularmente e evitar o consumo excessivo de álcool e tabaco. Falaremos com mais detalhes sobre tudo isso.

Além disso, é importante fazer check-ups regulares com o seu médico e monitorar os níveis de colesterol, pressão arterial e glicose no sangue. Identificar e tratar precocemente qualquer problema de saúde pode ajudar a evitar complicações cardíacas no futuro.

Em suma, entender os fundamentos da saúde cardíaca é o primeiro passo para garantir um coração forte e saudável. Ao adotar um estilo de vida saudável e estar ciente dos fatores de risco cardíaco, podemos tomar medidas proativas para proteger nosso coração e desfrutar de uma vida longa e plena.

PREVENÇÃO: O MELHOR REMÉDIO

A boa notícia é que muitos problemas cardíacos podem ser evitados com a adoção de um estilo de vida saudável e mais alguns cuidados básicos. A prevenção é o melhor remédio quando se trata de saúde cardíaca. Pequenas mudanças no seu dia a dia podem fazer uma grande diferença na saúde do seu coração e na qualidade de vida.

Falaremos ao longo deste livro sobre algumas medidas preventivas que podem manter seu coração saudável e forte, dentre elas:

- *Alimentação Saudável:* Uma dieta rica em frutas, vegetais, grãos integrais, proteínas magras e gorduras saudáveis pode ajudar a controlar o peso, reduzir o colesterol e a pressão arterial, e prevenir a formação de placas nas artérias.
- *Atividade Física Regular:* O exercício regular não apenas fortalece o coração e melhora a circulação sanguínea, mas também ajuda a controlar o peso, reduzir o estresse e melhorar o humor.
- *Gestão do Estresse:* O estresse crônico pode ter um impacto negativo na saúde do coração. Encontrar maneiras saudáveis de lidar com o estresse, como a prática de meditação, yoga ou hobbies relaxantes, pode ajudar a proteger o coração.
- *Abandono do Tabagismo:* O tabagismo é um dos principais fatores de risco para doenças cardíacas. Parar de fumar é uma das melhores coisas que você pode fazer pela saúde do seu coração.
- *Qualidade do Sono*: Quando dormimos bem, nosso corpo tem a chance de se recuperar e se rejuvenescer, reduzindo o estresse e a pressão arterial. Além disso, uma boa qualidade de sono está diretamente ligada à saúde mental, o que é essencial para manter o equilíbrio emocional e prevenir doenças cardíacas.
- *Espiritualidade*: Cuidar do coração vai além do físico. A espiritualidade nos proporciona um senso de propósito, paz interior e conexão com algo maior. Estudos[2] mostram que práticas espirituais, como meditação, oração e reflexão, podem redu-

2 "The Role of Spirituality in the Recovery Process of Patients with Cardiovascular Diseases", de Rabia Latif, Safia Awan, and Nabiha Shoaib, Cureus. 2020; 12(4): e7694. https://www.cureus.com/articles/30095-the-role-of-spirituality-in-the-recovery-process-of-patients-with-cardiovascular-diseases.

zir o estresse, a ansiedade e até mesmo ajudar na recuperação de doenças cardíacas.

- *Relações Interpessoais*: Manter conexões significativas com amigos, familiares e colegas de trabalho é essencial para o nosso bem-estar emocional e, por consequência, para a saúde do coração. Estudos[3] mostram que indivíduos com relações sociais fortes têm menor risco de desenvolver doenças do coração e experimentam melhorias na pressão arterial e na frequência cardíaca.

OS BENEFÍCIOS DE UM CORAÇÃO FORTE

Cuidar do seu coração não é apenas uma questão de evitar problemas de saúde; também traz uma série de benefícios para toda a sua vida. Um coração saudável significa mais energia, mais disposição e uma melhor qualidade de vida. Você se sentirá mais alerta, mais focado e mais capaz de enfrentar os desafios do dia a dia.

Além disso, um coração forte pode prolongar sua vida e permitir que você desfrute de momentos preciosos com sua família e entes queridos. Imagine poder correr e brincar com seus filhos ou netos, viajar pelo mundo sem se preocupar com problemas de saúde, e aproveitar ao máximo cada momento da sua vida.

Portanto, não subestime a importância de cuidar do seu coração. Pequenas mudanças hoje podem fazer uma grande diferença amanhã.

3 "Social relationships and cardiovascular risk: an emerging field" de Holt-Lunstad J, Smith TB, Layton JB, JAMA Cardiology. 2017; 2(9): 1035–1043. https://jamanetwork.com/journals/jamacardiology/article-abstract/2646712

Lembre-se, seu coração é o motor que impulsiona sua vida. Cuide dele como se sua vida dependesse disso – porque depende.

DESAFIO

Dizem que, quando Michelângelo esculpiu sua escultura mais famosa, conhecida com *Davi*, ele disse a um amigo próximo que o próprio Davi estava dentro do bloco de mármore - que ele o viu dentro daquele pedaço de pedra branca. Tudo o que Michelângelo precisava fazer era remover qualquer coisa que não fosse Davi. Foi assim que ele criou sua obra-prima, hoje exposta em Florença, na Itália.

Sua jornada é exatamente a mesma que a de Michelângelo . Exceto que você é o escultor e a escultura - *Michelângelo e Davi*. Você sabe que uma versão ideal de si mesmo existe dentro de você. No entanto, para poder manifestar esse "eu ideal" - inteligente, forte, contente, gentil - você simplesmente precisa eliminar todo o resto. Você é o Michelangelo. Você é a escultura de Davi.

Agora que você já entendeu a importância de se ter um ***coração forte***, permita que este livro, junto com sua vontade de mudar sua mentalidade e a maneira com que se relaciona com seu corpo e alimentação, sejam seu martelo e formão. Ao longo de todo o livro, proponho alguns desafios a serem realizados. É importante que você coloque-os em prática para que as recomendações valiosas que transmito nestas páginas possam se materializar em sua saúde. Implemente um desafio por vez e vá acumulando os seguintes em sua rotina. Em pouco tempo, perceberá os enormes benefícios e o impacto positivo em sua saúde. Combinado?

O primeiro desafio é: *Comprometa-se publicamente com sua saúde.*

Sabemos que muitas vezes somos movidos pela opinião dos outros. Viver em comunidade ocasiona isso. Assim, quando nos comprometemos publicamente que iremos realizar determinadas ações, nos esforçamos mais para alcançar tal objetivo, afinal, as outras pessoas poderão nos cobrar esses resultados.

Por isso que nosso primeiro desafio será a sua obrigação em fazer uma postagem em sua rede social sobre este livro explicando que irá se comprometer publicamente em buscar os resultados de maior performance e produtividade através de bons hábitos. Com isso, você também irá envolver e influenciar outras pessoas no processo, criando uma rede positiva de mudança, tornando o alcance dos resultados bem mais fácil.

Caso queira me marcar nessa publicação, sinta-se à vontade. Você encontrará minhas redes sociais através do QR code a seguir.

CAPÍTULO

2

O MAPA DA PRODUTIVIDADE: DESENVOLVENDO A ALTA PERFORMANCE E FORTALECENDO O CORAÇÃO

PORTANTO, NÃO SUBESTIME A IMPORTÂNCIA DE CUIDAR DO SEU CORAÇÃO. PEQUENAS MUDANÇAS HOJE PODEM FAZER UMA GRANDE DIFERENÇA AMANHÃ. LEMBRE-SE, SEU CORAÇÃO É O MOTOR QUE IMPULSIONA SUA VIDA. CUIDE DELE COMO SE SUA VIDA DEPENDESSE DISSO – PORQUE DEPENDE.

No contexto desafiador do empreendedorismo, no qual as demandas são incessantes e o tempo é um recurso valioso, a busca pela alta performance é crucial. A partir de agora, mergulharemos profundamente no complexo mapa da produtividade, explorando estratégias cognitivas, técnicas de foco e atividades físicas que não apenas impulsionam a excelência profissional, mas também fortalecem o coração, o epicentro da saúde e vitalidade.

O CICLO ULTRADIANO: SINCRONIZANDO A PRODUTIVIDADE COM OS RITMOS BIOLÓGICOS

O corpo humano é um sistema incrivelmente complexo, regido por uma série de ritmos biológicos intrínsecos. Um desses ritmos, o ciclo ultradiano, é um padrão cíclico de cerca de 90 a 120 minutos de duração, que influencia alternâncias entre estados de alta energia e necessidade de descanso. Esse ciclo é fundamental para maximizar a produtividade e fortalecer a saúde do coração.

O Ciclo Ultradiano refere-se à alternância natural entre períodos de alta energia e foco (cerca de 90 minutos) seguidos por períodos de descanso (20 minutos). Essa alternância é constante ao longo do dia. Aproveitar esses ciclos significa trabalhar intensamente em tarefas que exigem mais concentração durante os picos de energia e fazer pausas revigorantes nos momentos de baixa, o que pode incluir atividades leves como ouvir música ou meditar. Essa abordagem maximiza a eficiência e a produtividade, respeitando a biologia natural do corpo.

Para aplicar essa técnica, é fundamental observar e ajustar a rotina de estudos ou trabalho aos próprios ritmos energéticos.

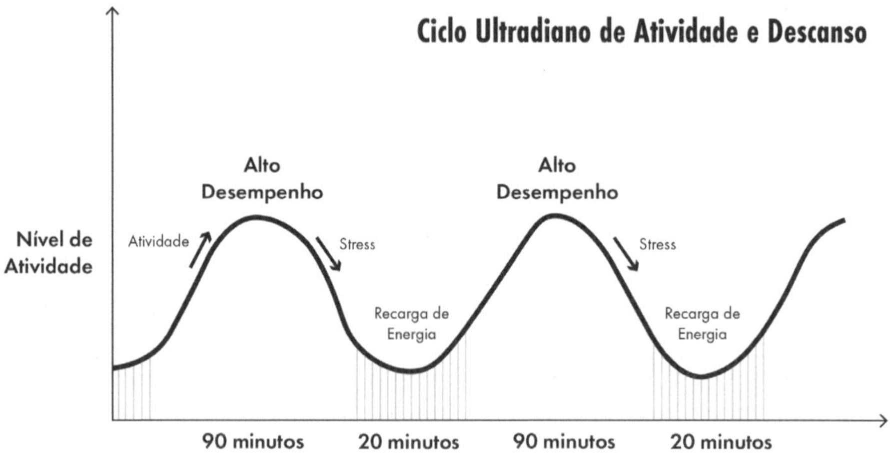

Ao longo do ciclo ultradiano, que em seu ciclo completo o corpo passa por flutuações nos níveis de neurotransmissores, hormônios e atividade cerebral. Durante os períodos de alta energia, o cérebro libera dopamina e noradrenalina, neurotransmissores associados à atenção e ao foco, enquanto durante os períodos de fadiga, ocorrem mudanças nas ondas cerebrais, indicando a necessidade de descanso e recuperação.

Eu pessoalmente testemunhei a eficácia desse método ao remodelar minha rotina de estudos e trabalho, assim como a rotina de muitos dos meus pacientes. Atribuindo as tarefas que requerem maior concentração aos momentos em que minha energia naturalmente atinge seu pico, e respeitando os períodos de descanso para recuperar, observei uma melhoria significativa não apenas na minha produtividade mas também no meu bem-estar geral. Isso me ensinou a importância de ouvir e respeitar os sinais do meu corpo, adaptando minha agenda para alinhar-se com os ritmos naturais de energia e descanso. Assim, eu encorajo a todos que buscam otimizar seu desempenho e qualidade de vida a experimentar e integrar o ciclo ultradiano em suas rotinas diárias.

Para integrar o ciclo ultradiano na rotina e aumentar a produtividade, uma atividade prática seria estruturar o dia em blocos de 90 minutos de trabalho focado, seguidos por intervalos de 20 minutos de descanso. Durante os blocos de trabalho, dedique-se completamente à tarefa mais importante ou desafiadora, eliminando distrações. Nos intervalos, engaje em atividades revigorantes, como uma caminhada breve, meditação, ou ouvir música relaxante, que ajudem a limpar a mente e renovar a energia para o próximo bloco de trabalho.

A técnica das repetições de Pomodoro, desenvolvida por Francesco Cirillo, é uma outra estratégia eficaz para sincronizar as atividades com o ciclo ultradiano. Consiste em trabalhar intensamente por 25 minutos, seguidos de uma pausa de 5 minutos. Após quatro repetições, faça uma pausa mais longa de 15 a 30 minutos. Essas pausas regulares permitem que o corpo se recupere, reduzindo o estresse e a pressão arterial, contribuindo assim para a saúde cardiovascular.

ESTRATÉGIAS COGNITIVAS E DE FOCO: FORTALECENDO A MENTE E O CORAÇÃO

Além de sincronizar as atividades com os ritmos biológicos, é fundamental cultivar estratégias cognitivas e de foco para enfrentar os desafios do empreendedorismo. A atenção plena é uma técnica poderosa que pode fortalecer tanto a mente quanto o coração.

Pesquisas científicas mostram que a prática regular de mindfulness está associada a uma redução significativa na pressão arterial, frequência cardíaca e marcadores inflamatórios, todos fatores de risco para doenças cardiovasculares. A atenção plena está relacionada a mudanças positivas na estrutura cerebral, incluindo o aumento da densidade do córtex pré-frontal, área responsável pelo controle emocional e tomada de decisões.

Além disso, estratégias de foco, como a definição de metas claras e a visualização do sucesso, podem ajudar os empreendedores a manter o rumo em direção aos seus objetivos, reduzindo o estresse e promovendo um ambiente mental saudável para o coração prosperar.

Ao integrar o ciclo ultradiano em nossas rotinas, buscamos não apenas potencializar nossa produtividade, mas também honrar o equilíbrio natural entre trabalho e repouso, essencial para a manutenção de nossa saúde física e mental. Através da adoção de pausas estratégicas, após períodos de foco intenso, permitimos que nossa mente e corpo se revigorem, preparando-nos para os desafios subsequentes com renovada energia.

Esse processo é complementado pela definição de metas claras e alcançáveis, que direcionam nosso esforço e nos mantêm alinhados com nossos objetivos finais. Na definição de metas, a metodologia SMART (Específica, Mensurável, Alcançável, Relevante, Temporal) pode ajudar a estabelecer objetivos claros e tangíveis. Para a visualização do sucesso, práticas de meditação guiada ou o uso de quadros de visão podem ser eficazes, incentivando a manter o foco nos objetivos. Ajustes diários podem ser realizados através de reflexão noturna sobre os sucessos e desafios do dia, permitindo recalibrar estratégias e ações para o dia seguinte. Para a metodologia SMART, um exemplo seria: "Aumentar as vendas em 20% no próximo trimestre, medindo o progresso semanalmente, utilizando novas estratégias de marketing digital."

Conseguimos aplicar a metodologia SMART também na visualização do nosso objetivo em ter um coração forte. Será que basta apenas falarmos: "Ahh, quero ser mais saudável"? Certamente não! Você mesmo já deve ter tido essa experiência. É necessário sermos o mais específicos possível. Por exemplo: "Vou ser mais saudável começando a fazer atividade física do tipo corrida". Porém, ainda é preciso mensurar, ou seja, completar com "150 minutos por semana". Adianta se comprometer a fazer 3 horas por dia? Não seria alcançável, agora 150 minutos por semana, provavelmente você consegue. E por quanto tempo? Nos próximos 28 dias (4 semanas). Ou você pode se propor a conseguir fazer uma corrida de 10 quilômetros daqui a 6 meses e, para isso, vai precisar realizar um treino de 1 hora 3 vezes por semana até a data da corrida. Juntando tudo, teríamos a seguinte meta:

> *"Vou ser mais saudável começando a fazer atividade física do tipo corrida com 150 minutos por semana pelos próximos 28 dias."*

Então aqui já definimos mais uma tarefa deste livro.

METODOLOGIA SMART (ESPECÍFICA, MENSURÁVEL, ALCANÇÁVEL, RELEVANTE, TEMPORAL)

DESAFIO

Defina 3 metas claras utilizando a metodologia SMART para ser colocada em prática com urgência. Uma para a saúde do seu coração, uma para seu sucesso profissional e outra sendo uma meta pessoal.

Meta 1:

Meta 2:

Meta 3:

A prática da visualização, por sua vez, nos auxilia a antever o sucesso, fortalecendo nossa motivação e clarificando o caminho a ser seguido. Na visualização do sucesso, você pode praticar meditações guiadas focadas em visualizar-se alcançando as metas de vendas, sentindo a satisfação e os benefícios resultantes. Utilizar um quadro de visão envolve colar imagens e palavras que representem suas metas e o sucesso desejado, como gráficos ascendentes e ícones de felicidade, em um local visível para inspiração diária.

Por fim, a reflexão e ajuste diários de nossas estratégias asseguram que estamos em constante evolução, adaptando nossas práticas para melhor servirem aos nossos propósitos. Em suma, ao sincronizarmos nossas atividades com os ciclos ultradianos, não apenas maximizamos nossa eficácia, mas também promovemos um estilo de vida mais saudável e equilibrado, essencial para a sustentação de um coração forte e uma mente clara. Ao final do dia, reflita sobre o que funcionou bem e o que pode ser melhorado, anotando insights para ajustar suas ações para o próximo dia.

ATIVIDADE FÍSICA E O CORAÇÃO: UMA RELAÇÃO SINCRÔNICA

A atividade física desempenha um papel fundamental na promoção da saúde cardiovascular e na maximização da produtividade. O exercício regular não só fortalece os músculos e melhora a capacidade pulmonar, mas também exerce efeitos benéficos no coração e no cérebro.

Durante o exercício físico, o corpo libera endorfinas, neurotransmissores associados à sensação de prazer e bem-estar. Além disso, o exercício estimula a produção de fatores de crescimento neural, substâncias que promovem a regeneração e o reparo de células cerebrais. Isso pode ter efeitos positivos na cognição, memória e função executiva, melhorando assim o desempenho no trabalho e reduzindo o risco de declínio cognitivo relacionado à idade.

É importante ressaltar que o exercício regular também influencia os níveis de cortisol, o hormônio do estresse. O pico de cortisol geralmente ocorre durante o exercício físico, mas retorna aos níveis normais durante o período de recuperação pós-exercício. Isso sugere que o exercício regular pode ajudar a regular os níveis de cortisol ao longo do dia, reduzindo assim o estresse crônico e o risco de doenças cardíacas relacionadas ao estresse.

Carlos, um empreendedor determinado, enfrentou desafios e alcançou o sucesso por meio da integração de estratégias de gerenciamento do tempo, foco e atividade física em sua vida diária.

Sendo um empresário dedicado na casa dos quarenta anos, Carlos sempre foi apaixonado pelo seu negócio desde o início. No entanto, com o passar dos anos e o acúmulo de responsabilidades, ele começou a perceber os efeitos negativos do estresse e do estilo de vida sedentário em sua saúde. Seus dias eram preenchidos por longas horas de trabalho, reuniões intermináveis e prazos apertados, deixando pouco tempo para cuidar de si mesmo.

Conforme sua empresa crescia, Carlos se via cada vez mais sobrecarregado, sentindo a pressão de manter o sucesso e a competitividade no mercado. Certo dia, Carlos, que é sempre pontual, chegou atrasado ao trabalho, vestindo traje diferente do habitual e, ao adentrar o escritório da empresa, dirigiu-se à sala do seu gerente, em vez de seguir para seu posto de trabalho. Como seu gerente era seu amigo pessoal e o conhecia muito bem, percebeu que o Carlos estava bastante "aéreo", sem responder às perguntas de forma lógica e concatenada.

Aos poucos, Carlos foi recobrando sua consciência e seus pensamentos foram ficando mais claros. No entanto, o mais intrigante, é que ele não se lembrava nem mesmo do trajeto de sua casa até o trabalho, sendo que ele havia se deslocado dirigindo o próprio carro. Foi então que Carlos percebeu que estava em ***burnout*** e foi quando procurou minha ajuda.

Durante a consulta, ao ser perguntado se estava fazendo atividade física, a resposta veio de prontidão: "Doutor, não tenho tempo para essas coisas!" No entanto, lá no fundo, ele já sabia que precisava fazer uma mudança drástica em sua rotina se quisesse preservar sua saúde e continuar prosperando nos negócios.

Foi então que Carlos decidiu adotar uma abordagem mais consciente em relação à sua saúde física e mental. Ele começou reservando tempo em sua agenda lotada para a prática de exercícios físicos regulares. Incorporou caminhadas matinais em seu bairro, sessões de yoga relaxantes e treinos de musculação em sua rotina semanal. Essa mudança não só melhorou sua forma física, mas também o deixou mais revigorado e energizado para enfrentar os desafios do dia a dia.

Além disso, Carlos implementou técnicas de gerenciamento do tempo, como o método Pomodoro, para maximizar sua produtividade. Dividia seu tempo em blocos de trabalho focado, intercalados com breves intervalos para descanso e recuperação. Esses momentos de pausa não só ajudavam a manter sua concentração, mas também reduziam sua ansiedade e tensão arterial.

Paralelamente, Carlos embarcou em uma jornada de autodescoberta e desenvolvimento pessoal, explorando práticas de mindfulness e meditação. Aprendeu a acalmar sua mente agitada e a cultivar uma atitude mais positiva em relação aos desafios que enfrentava. Essa mudança de mentalidade não só melhorou sua saúde mental, mas também teve um impacto positivo em sua saúde cardiovascular, reduzindo seu risco de doenças cardíacas relacionadas ao estresse.

Ao longo do tempo, Carlos viu os benefícios de suas novas práticas refletidos não apenas em seu bem-estar pessoal, mas também em seu desempenho nos negócios. Sua mente clara e focada o ajudou a tomar decisões mais informadas e criativas, enquanto sua energia renovada o impulsionou a alcançar novos patamares de sucesso em sua empresa.

Hoje, Carlos é um exemplo vivo de como a integração de estratégias de produtividade, saúde mental e atividade física podem fortalecer não apenas o corpo, mas também o coração. Sua jornada inspiradora ressalta a importância de cuidar de si mesmo, não apenas como empresário, mas como ser humano, garantindo um futuro próspero e saudável, tanto nos negócios quanto na vida pessoal.

A jornada de Carlos nos lembra da importância vital de equilibrar a busca pela excelência profissional com a preservação da saúde física e mental. Ao adotar estratégias de gerenciamento do tempo, foco e atividade física, Carlos não apenas fortaleceu sua produtividade empresarial, mas também fortaleceu seu coração, o epicentro de sua vitalidade e bem-estar.

A ciência por trás dessas estratégias é clara: a sincronização com os ritmos biológicos, o cultivo de uma mentalidade positiva e a prática regular de exercícios físicos são fundamentais para promover a saúde cardiovascular e maximizar a produtividade. Quando o corpo e a mente estão em harmonia, somos capazes de alcançar nosso verdadeiro potencial, tanto no mundo dos negócios quanto na vida pessoal.

A mudança está quando percebemos que aquela hora da prática da atividade física não é uma perda de tempo, mas sim o melhor investimento de tempo que você pode fazer em seu dia. Uma hora de exercício significa 4% do seu dia. Contudo, são 4% que impactam de forma positiva os outros 96%, consegue perceber?

Portanto, convido você, querido leitor, a seguir os passos de Carlos e priorizar sua saúde enquanto busca o sucesso em seus empreendimentos. Lembre-se de que o verdadeiro crescimento e realização vêm não apenas do trabalho árduo, mas também do autocuidado e da atenção plena. Ao investir em seu bem-estar físico e mental, você está construindo as bases para uma vida plena e significativa, com um coração forte e uma mente resiliente para enfrentar os desafios que o futuro possa trazer. Que esta jornada inspire você a buscar o equilíbrio entre suas aspirações profissionais e sua saúde, guiando-o para um futuro de sucesso e bem-estar duradouros.

CAPÍTULO 3

ALIMENTAÇÃO PARA A VITALIDADE CARDÍACA: NUTRIÇÃO INTELIGENTE PARA UM CORAÇÃO FORTE

No mundo moderno, onde o ritmo acelerado da vida muitas vezes nos leva a fazer escolhas rápidas e convenientes em relação à nossa alimentação, é crucial reconhecer o papel fundamental que a nutrição desempenha na saúde do coração. Neste capítulo, exploraremos os princípios da alimentação para a vitalidade cardíaca, destacando os alimentos e suplementos essenciais para empresários que desejam fortalecer seu coração e maximizar seu desempenho.

A relação entre alimentação, vitalidade cardíaca e produtividade é profundamente enraizada na interação complexa entre os nutrientes que consumimos e os processos fisiológicos que sustentam nosso corpo e mente. Neste capítulo, vamos mergulhar nas bases científicas da nutrição inteligente, explorando não apenas os alimentos essenciais para a saúde do coração, mas também como a cafeína, o consumo de água e a nutrição adequada podem influenciar nosso pico de produtividade.

A IMPORTÂNCIA DA NUTRIÇÃO NA SAÚDE CARDIOVASCULAR E PRODUTIVIDADE

Numerosos estudos científicos[4] demonstraram consistentemente a associação entre padrões alimentares específicos e a saúde cardiovascular. Dietas ricas em frutas, vegetais, grãos integrais, proteínas magras e gorduras saudáveis, como azeite de oliva e abacate, estão

4 "Healthy dietary patterns for preventing cardiometabolic disease: the role of plant-based foods and animal products", de Satija A, Hu FB, Current Cardiology Reports. 2018; 20(4): 15. https://link.springer.com/article/10.1007/s11886-018-0960-6
"Dietary Patterns and Cardiovascular Disease: A Review of the Evidence", de Sofi F, Macchi C, Abbate R, Gensini GF, Casini A; Journal of the American College of Cardiology. 2008; 52(10): 823-835. https://www.onlinejacc.org/content/52/6/457

associadas a um menor risco de doenças cardíacas, incluindo hipertensão arterial, aterosclerose e eventos cardiovasculares adversos.

Além disso, a nutrição adequada desempenha um papel fundamental na função cognitiva e no desempenho mental. Nutrientes como ácidos graxos ômega-3, encontrados em peixes gordurosos, e antioxidantes, presentes em frutas e vegetais coloridos, têm sido associados a melhorias na memória, concentração e processamento cognitivo.

A relação entre dieta e saúde cardiovascular é bem estabelecida pela ciência. Estudos[5] demonstraram consistentemente que uma dieta rica em nutrientes, como frutas, vegetais, grãos integrais, proteínas magras e gorduras saudáveis, está associada a um menor risco de doenças cardíacas. Por outro lado, uma dieta rica em alimentos processados, gorduras saturadas, açúcares adicionados e sal em excesso pode aumentar significativamente o risco de desenvolver condições cardíacas, como hipertensão, colesterol alto e doenças coronárias.

PRINCÍPIOS DA ALIMENTAÇÃO SAUDÁVEL PARA O CORAÇÃO

Para fortalecer o coração e promover a saúde cardiovascular, é essencial adotar uma abordagem equilibrada e variada em relação à alimentação. Isso inclui:

5 "Healthy Dietary Patterns for Preventing Cardiometabolic Disease: The Role of Plant-Based Foods and Animal Products", de Satija A, Bhupathiraju SN, Rimm EB, et al. Journal of the American College of Cardiology. 2017; 70(4): 411-422. https://www.onlinejacc.org/content/70/4/411

- Incluir uma variedade de alimentos naturais: Priorize alimentos frescos e não processados, como frutas, vegetais, legumes, grãos integrais, nozes, sementes e proteínas magras. Esses alimentos são ricos em vitaminas, minerais, fibras e antioxidantes, que desempenham um papel fundamental na saúde do coração.
- Limitar alimentos processados e ultraprocessados: Reduza o consumo de alimentos embalados, fast food, refrigerantes, salgadinhos e outros produtos altamente processados que são ricos em gorduras saturadas, açúcares adicionados, sódio e aditivos químicos prejudiciais à saúde cardiovascular.
- Controlar o consumo de gorduras: Escolha fontes saudáveis de gorduras, como abacate, azeite de oliva, peixes gordurosos (salmão, atum, sardinha), nozes e sementes. Essas gorduras são ricas em ácidos graxos ômega-3 e ômega-6, que ajudam a reduzir o colesterol LDL (ruim) e a inflamação, protegendo assim contra doenças cardíacas.
- Reduzir o consumo de sal: O consumo excessivo de sal está associado ao aumento da pressão arterial e ao risco de doenças cardiovasculares. Limite a ingestão de alimentos processados e use ervas, especiarias e sucos cítricos para temperar suas refeições.
- Monitorar o consumo de açúcares: Reduza o consumo de açúcares adicionados, presentes em refrigerantes, doces, bolos, biscoitos e outros produtos açucarados. Opte por fontes naturais de açúcar, como frutas frescas, e evite bebidas adoçadas.

DESAFIO

A partir de hoje, você iniciará a dieta com a substituição do ***sal***.

O primeiro passo e tarefa do dia serão retirar os "saleiros" de cima da mesa durante as refeições. Simples assim.

É possível realçar o sabor dos alimentos e torná-los ainda mais apetitosos utilizando diversas especiarias em vez de abusar do uso do sal. Dessa forma, sua próxima tarefa é comprar e já deixar preparados especiarias para substituir o sal, tais como temperos naturais, alho, cebola, gengibre, pimenta, limão, coentro, hortelã, manjericão, alecrim, dentre outros.

As ervas desidratadas acabam sendo verdadeiras aliadas, principalmente nas primeiras experiências, já que a desidratação concentra os aromas e sabores, que ficam em evidência no preparo dos alimentos. Mas aí pode surgir uma dúvida: qual tempero ou erva combina com o quê? Para ajudar, aqui vão algumas sugestões de combinações:

- *Queijos e vegetais* podem ser favorecidos com alho, cebola e ervas aromáticas como o manjericão e o alecrim;
- Para *carnes*, sugiro a páprica (picante ou defumada), mostarda e a pimenta do reino;
- Com *frango e peixe*, meus temperos preferidos são o coentro e o limão, por vez um toque de alho e pimenta do reino.

Outra ideia é utilizar um "toque ácido". Pode-se usar gotinhas de suco de limão, vinagre de fruta (maçã, uva ou framboesa) ou ainda aproveitar a própria acidez do alimento, além de frutas ou verduras. A acidez estimula nossas papilas gustativas e o sabor dos temperos ficará ainda mais evidente!

Aqui ainda vão outras dicas e formas de substituir o sal:

- *Alho + Cebola + Gengibre*: O alho tem ação antiinflamatória, hipotensora, vasodilatadora e sudorífera. A cebola realça o sabor dos alimentos e também melhora a circulação sanguínea. Já o gengibre como tempero realça o sabor de caldos, sopas e cozidos, sendo descartado no final do cozimento.
- *Pimenta + limão + salsinha + hortelã*: A pimenta ajuda na redução do colesterol no sangue, melhora o sistema imunológico, auxilia na digestão, na eliminação de bactérias nocivas ao organismo e na circulação sanguínea. O limão é um excelente tempero para saladas e peixe. Ele aumenta as defesas do organismo, facilita a digestão e regula a absorção de açúcares pela presença de fibras solúveis. A hortelã deixa qualquer comida ainda mais cheirosa, além de ter ação analgésica, estimulante, antioxidante, expectorante. Já a salsinha tem antioxidantes e possui ação antiinflamatória. Vai muito bem com legumes, assados, sopas, massas, carnes e frango.
- *Molhos para salada*: Agora você vai precisar de um vidro com tampa hermética. Nele coloque 3 colheres de sopa de azeite, suco de 1 limão e 1 colher de chá de tempero de ervas desidratadas para vegetais. Feche bem o vidro e agite para obter um molho cremoso. Sirva sobre a salada.
- *Sal de ervas*: Ingredientes: 1 colher (chá) de manjericão; 1 colher (chá) de orégano; 1 colher (chá) de raspas de limão. Modo de fazer: Bata tudo com um mixer ou processador. A mistura é perfeita para substituir o sal e você pode temperar qualquer alimento com muito sabor.

ALIMENTOS E SUPLEMENTOS ESSENCIAIS PARA A SAÚDE DO CORAÇÃO

Alguns alimentos e suplementos específicos têm sido amplamente estudados por seus benefícios para a saúde cardiovascular. Entre eles estão:

- Ômega-3: Encontrado em peixes gordurosos, como salmão, atum e sardinha, o ômega-3 é conhecido por seus efeitos anti-inflamatórios e protetores do coração. Também pode ser obtido por meio de suplementos de óleo de peixe ou óleo de krill.
- Fibras solúveis: Presentes em alimentos como aveia, cevada, leguminosas e frutas cítricas, as fibras solúveis ajudam a reduzir o colesterol LDL e a estabilizar os níveis de açúcar no sangue, contribuindo para a saúde cardiovascular.
- Antioxidantes: Frutas e vegetais coloridos, como mirtilos, morangos, espinafre e brócolis, são ricos em antioxidantes, substâncias que combatem o estresse oxidativo e protegem as células do coração contra danos.
- Coenzima Q10: Este nutriente, encontrado em alimentos como carne, peixe e nozes, desempenha um papel crucial na produção de energia nas células do corpo, incluindo as células do coração. Suplementos de coenzima Q10 podem ser benéficos para pessoas com problemas cardíacos.
- Vitaminas e minerais: Nutrientes como vitamina D, vitamina K2, magnésio, potássio e cálcio desempenham papéis importantes na saúde cardiovascular. Uma dieta equilibrada, rica

em uma variedade de alimentos naturais, geralmente fornece esses nutrientes em quantidades adequadas.

A evidência científica reforça a importância desses nutrientes para a saúde cardiovascular. Ômega-3, fibras solúveis, antioxidantes, coenzima Q10, e vitaminas e minerais específicos têm demonstrado impacto positivo no coração e nas artérias, reduzindo o risco de doenças cardíacas. Estudos[6] destacam que uma alimentação rica nestes componentes pode diminuir a inflamação, melhorar o perfil lipídico, e reforçar as defesas antioxidantes do corpo, o que contribui significativamente para a prevenção e o manejo de condições cardiovasculares. Portanto, integrar esses alimentos e suplementos à dieta diária é uma estratégia eficaz para promover a saúde do coração.

CAFEÍNA: AMIGA OU INIMIGA DA PRODUTIVIDADE?

Não se pode negar que café é uma das bebidas mais populares do mundo, consumido diariamente por milhões de pessoas. Seu principal componente ativo é a cafeína, uma substância que age como estimulante do sistema nervoso central. A pesquisa científica tem demonstrado que doses moderadas de cafeína podem trazer benefícios à produtividade, melhorando a atenção, o foco e o tempo de reação.

Ainda assim, estudos[7] têm sugerido uma ligação entre o consumo elevado de café e o aumento do risco de certas condições cardía-

6 "Dietary patterns and heart disease: a review", Sofi F, Cesari F, Abbate R, et al. International Journal of Food Sciences and Nutrition. 2009; 60(sup5): 1-17. https://www.tandfonline.com/doi/abs/10.1080/09637480802565810.

7 "Coffee consumption and risk of cardiovascular events and all-cause mortality among women with type 2 diabetes", de Lopez-Garcia E, van Dam RM, Li TY, et al. Diabetologia. 2009; 52(5): 810-817. https://link.springer.com/article/10.1007/s00125-009-1299-x

cas, como arritmias cardíacas, aumento da pressão arterial e aumento dos níveis de colesterol.

É importante ressaltar que o efeito da cafeína pode variar de pessoa para pessoa. A sensibilidade à cafeína é influenciada por fatores como genética, idade, peso corporal e até mesmo hábitos de consumo prévios. Algumas pessoas são mais sensíveis aos efeitos da cafeína e podem experimentar sintomas adversos mesmo com doses moderadas. Um estudo[8] publicado no *Journal of the American College of Cardiology* concluiu que o consumo de cafeína está associado a um aumento transitório da pressão arterial. O aumento da pressão arterial pode sobrecarregar o coração e aumentar o risco de complicações cardiovasculares, especialmente em pessoas com predisposição genética ou histórico de problemas cardíacos.

Além disso, a tolerância à cafeína pode se desenvolver ao longo do tempo, o que significa que a mesma quantidade de cafeína pode não produzir mais os mesmos efeitos benéficos de produtividade. O consumo excessivo de cafeína pode levar a uma série de efeitos colaterais negativos, como nervosismo, ansiedade, tremores e insônia, sem contar a possibilidade de desencadear arritmias cardíacas em algumas pessoas. Uma revisão sistemática de estudos[9] publicada na revista *Nutrition, Metabolism & Cardiovascular Diseases* descobriu que o consumo de cafeína está associado a um maior risco de arritmias cardíacas, como extrassístoles ventriculares e fibrilação atrial, em indivíduos suscetíveis.

---

8 "Coffee and caffeine intake and the risk of hypertension: a meta-analysis of prospective cohort studies", de Ding M, Bhupathiraju SN, Chen M, et al. Journal of the American College of Cardiology. 2011; 57(3): 356-365. https://www.jacc.org/doi/full/10.1016/j.jacc.2010.09.016.

9 "Caffeine consumption and cardiac arrhythmias: A systematic review", de Caldeira D, Martins C, Alves LB, Pereira H, Ferreira JJ, Costa J; Nutrition, Metabolism & Cardiovascular Diseases. 2016; 26(6): 1-10. https://www.nmcd-journal.com/article/S0939-4753(16)30009-9/fulltext.

A pesquisa foi realizada com uma amostra representativa da população e utilizou métodos rigorosos de análise estatística para avaliar a associação entre o consumo de cafeína e os níveis de colesterol.

Mecanismos biológicos podem explicar essa associação. A cafeína é conhecida por estimular a liberação de certos hormônios, como o cortisol e a adrenalina, que podem aumentar a produção de lipídios pelo fígado e interferir no metabolismo do colesterol. Além disso, a cafeína também pode afetar a absorção de colesterol no intestino, contribuindo para o aumento dos níveis sanguíneos.

Para ilustrar isso, vamos conhecer Mariana, uma profissional dedicada que costumava depender do "cafezinho" para se manter alerta durante longos dias de trabalho. Ela consumia várias xícaras de café ao longo do dia, pensando que isso a ajudaria a ser mais produtiva. No entanto, Mariana começou a perceber que estava experimentando sintomas como palpitações cardíacas, nervosismo e dificuldade para dormir. Foi então que ela percebeu que estava abusando da cafeína e que isso estava tendo um impacto negativo em sua saúde e bem-estar.

Diante disso, Mariana decidiu reduzir seu consumo de café e buscar alternativas mais saudáveis para aumentar sua produtividade, como praticar exercícios físicos, ter uma alimentação balanceada e estabelecer uma rotina de sono adequada. Com o tempo, ela percebeu que sua energia e concentração melhoraram, sem os efeitos colaterais indesejados da cafeína.

Essa história nos mostra que, embora a cafeína possa oferecer benefícios à produtividade em doses moderadas, o seu consumo excessivo pode ter consequências negativas para a saúde. É importante consumir café com moderação e estar atento aos sinais do corpo para evitar problemas relacionados ao abuso de cafeína.

Portanto, embora o consumo moderado de café possa trazer benefícios à saúde, é importante limitar a ingestão de cafeína, especialmente para pessoas com histórico de problemas cardíacos ou sensibilidade aos efeitos da cafeína. Optar por alternativas de baixa cafeína ou descafeinadas pode ser uma escolha mais segura para a saúde do coração a longo prazo. Sempre consulte um profissional de saúde para obter orientação personalizada sobre o consumo de cafeína e seus efeitos sobre a saúde cardiovascular.

CONSUMO DE ÁGUA: HIDRATE-SE PARA MAXIMIZAR O DESEMPENHO

A água é essencial para a função adequada de praticamente todos os sistemas do corpo humano, incluindo o sistema cardiovascular e o cérebro. A desidratação leve pode levar à diminuição do volume sanguíneo, redução do fluxo sanguíneo cerebral e diminuição da atividade cerebral, afetando assim a função cognitiva e o desempenho mental.

Estudos[10] mostram que a desidratação de apenas 2% do peso corporal pode resultar em diminuição da atenção, memória de curto prazo, habilidades motoras e tempo de reação. Portanto, é crucial manter-se adequadamente hidratado ao longo do dia para sustentar um pico de produtividade e desempenho mental.

10 "Mild dehydration impairs cognitive performance and mood of men", de Kempton MJ, Ettinger U, Foster R, Williams SCR, Calvert GA, Hampshire A, Zelaya FO, O'Gorman RL, McMorris T, Owen AM, Smith MS. British Journal of Nutrition. 2011; 106(10): 1535-1543. https://www.cambridge.org/core/journals/british-journal-of-nutrition/article/mild-dehydration-impairs-cognitive-performance-and-mood-of-men/3388F9FC3DE9AFC090A102A3F3C07F4C.

E se eu perguntar quantos litros de água você ingeriu hoje, conseguiria me responder? Muito difícil, estou certo? Talvez você até tenha tentado se lembrar de quantos copos ingeriu... e o resultado da conta provavelmente foi tão decepcionante que você prefere nem comentar.

No entanto, essa não precisa ser uma tarefa complexa de ser implementada em sua rotina diária. Algumas estratégias bem simples podem fazer toda a diferença no seu consumo diário de água. Por exemplo, ande sempre com uma garrafa térmica de água de 500ml, a qual você poderá preencher diversas vezes. Assim, a cada duas ingestões completas de 500ml, você alcança 1 litro. É só continuar e logo terá ingerido sem esforço três, quatro ou mais garrafinhas por dia, atingindo sua meta diária (veremos já como definir essa meta).

Ressalto que o hábito de ingerir mais água está entre os hábitos mais fáceis e rápidos de se implementar apenas utilizando a técnica de sempre andar com a sua garrafinha, afinal, ela já está ali ao seu lado, é só abrir e tomar. E voltar a enchê-la quando terminar.

Mas, doutor Renato, como sei quanto de líquidos devo ingerir por dia? A conta é simples:

35 ml x kg de peso. Vamos supor que você pese 80 kg, então a conta fica 35ml x 80 que dá 2.800ml.

Lembrando que essa é a quantidade total de líquidos por dia, incluindo além da água, os outros líquidos como sucos e (espero que não façam parte da sua rotina) refrigerantes.

Assim, portanto, a minha meta de líquidos diários é: 35 x ____ (peso) = _____ ml.

DESAFIO

Compre uma garrafinha térmica de, no mínimo, 500 mL e carregue ela sempre com você. Dessa forma, fica bem mais fácil você medir a quantidade de água ingerida no dia através do número de vezes que encheu a garrafa. Basta começar a anotar essa quantidade no bloco de notas do seu celular e será bem mais fácil bater sua meta diária de ingestão de líquido.

A NUTRIÇÃO COMO CATALISADORA DO PICO DE PRODUTIVIDADE

Cada alimento que escolhemos consumir tem o potencial de impactar diretamente nossa função cardiovascular e cognitiva. Alimentos ricos em nutrientes, como vitaminas, minerais, antioxidantes e ácidos graxos essenciais, fornecem a base para um coração saudável e uma mente alerta.

Por outro lado, alimentos processados, ricos em gorduras trans, açúcares refinados e aditivos químicos, podem contribuir para o desenvolvimento de doenças cardíacas, inflamação crônica e disfunção cognitiva. Portanto, ao fazer escolhas alimentares, é fundamental optar por alimentos naturais e integrais que promovam a saúde do coração e o pico de produtividade.

Ao integrar os princípios da nutrição inteligente em nossa vida cotidiana, estamos investindo não apenas em nossa saúde física e mental, mas também em nosso sucesso profissional e pessoal. Cada escolha alimentar é uma oportunidade de nutrir nosso corpo e mente, capacitando-nos a alcançar nossos objetivos com clareza, energia e vitalidade.

No vasto campo da nutrição, várias abordagens dietéticas têm recebido atenção significativa por seu potencial impacto na saúde cardiovascular e na produtividade. Entre elas, destacam-se a dieta mediterrânea, a dieta cetogênica / low carb e o jejum intermitente. Vejamos brevemente algumas importantes considerações sobre cada uma delas:

DIETA MEDITERRÂNEA: UM FAROL DE SAÚDE CARDÍACA

A dieta mediterrânea é amplamente reconhecida por seu perfil nutricional equilibrado e seus benefícios para a saúde do coração. Baseada em alimentos tradicionalmente consumidos em países do Mediterrâneo, como Grécia, Itália e Espanha, essa dieta enfatiza o consumo de frutas, vegetais, legumes, peixes, azeite de oliva, nozes e sementes.

Estudos como o *PREDIMED*[11], um dos mais significativos, destaca os efeitos da dieta mediterrânea na prevenção de doenças cardiovasculares além de uma redução do risco de doenças cardíacas, incluindo hipertensão, doença arterial coronariana e acidente vascular cerebral. Outro estudo[12] publicado no "*New England Journal of Medicine*" mostra

11 "Primary prevention of cardiovascular disease with a Mediterranean diet supplemented with extra-virgin olive oil or nuts", de Estruch R, Ros E, Salas-Salvadó J, Covas MI, Corella D, Arós F, Gómez-Gracia E, Ruiz-Gutiérrez V, Fiol M, Lapetra J, Lamuela-Raventos RM, Serra-Majem L, Pintó X, Basora J, Muñoz MA, Sorlí JV, Martínez JA, Martínez-González MA. The New England Journal of Medicine. 2018; 378(25): e34. https://www.nejm.org/doi/full/10.1056/NEJMoa1800389.

12 "Primary Prevention of Cardiovascular Disease with a Mediterranean Diet Supplemented with Extra-Virgin Olive Oil or Nuts", de Estruch R, Ros E, Salas-Salvadó J, Covas MI, Corella D, Arós F, Gómez-Gracia E, Ruiz-Gutiérrez V, Fiol M, Lapetra J, Lamuela-Raventos RM, Serra-Majem L, Pintó X, Basora J, Muñoz MA, Sorlí JV, Martínez JA, Martínez-González MA. The New England Journal of Medicine. 2013; 368:1279-1290. https://www.nejm.org/doi/full/10.1056/NEJMoa1200303.

a ligação entre a dieta mediterrânea e a redução de eventos cardiovasculares. Além disso, pesquisas[13] indicam melhorias na longevidade e na redução de doenças crônicas. Não podemos deixar de mencionar que essa abordagem dietética tem sido associada a melhorias na saúde cognitiva e na função cerebral, aspectos essenciais para a produtividade e o desempenho mental.

DIETA CETOGÊNICA / LOW CARB: UMA ALTERNATIVA METABÓLICA

A dieta cetogênica, caracterizada por um alto consumo de gorduras, uma ingestão moderada de proteínas e uma restrição significativa de carboidratos, tem despertado interesse crescente devido aos seus potenciais benefícios para a saúde e a produtividade.

Embora ainda haja debate em torno de sua segurança e eficácia a longo prazo, estudos[14] iniciais sugerem que a dieta cetogênica pode melhorar os fatores de risco cardiovascular, incluindo os níveis de glicose no sangue, triglicerídeos e colesterol LDL. No entanto, é importante abordar essa dieta com cautela e buscar orientação profissional para garantir que as necessidades nutricionais sejam atendidas adequadamente.

---

13 "Association Between Healthy Lifestyle and Cardiovascular Disease in Adults With Hypertension", de Xie Y, Bowe B, Li T, Xian H, Balasubramanian S, Al-Aly Z. Journal of the American College of Cardiology. 2020; 76(23):2712-2721. https://www.jacc.org/doi/10.1016/j.jacc.2020.09.535.

14 "Effect of a Low-Carbohydrate Diet on Lipid, Glucose, and Inflammatory Biomarkers in Patients With Diabetes: Secondary Analysis of a Randomized Controlled Trial", de Saslow LR, Mason AE, Kim S, Goldman V, Ploutz-Snyder R, Bayandorian H, Daubenmier J, Hecht FM, Moskowitz JT. Diabetes Care. 2017; 40(2):177-185. https://care.diabetesjournals.org/content/40/2/177.

JEJUM INTERMITENTE: UMA ESTRATÉGIA PARA A SAÚDE DO CORAÇÃO E A LONGEVIDADE

O jejum intermitente tem ganhado popularidade como uma estratégia não apenas para a perda de peso, mas também para a saúde cardiovascular e a longevidade. Essa abordagem existem diversos protocolo como por exemplo fazer jejum completo em dias alternados (Complete alternate-day fasting - **ADF**), o que envolve alternar dias consumindo alimentos com poucas calorias com dias de alimentação normal ou "*alimentação com restrição de tempo*" ("Time-restricted feeding" - **TRF**), a qual permite a ingestão normal em horários específicos (algumas horas) e o jejum prolongado de cada dia, sendo o mais comum um padrão de 16 horas de jejum e 8 horas de janela de alimentação. Outra variação é restringir a ingestão ao longo da noite, seguindo o ritmo circadiano.

Durante o jejum, há uma diminuição nos níveis de insulina e um aumento na produção de corpos cetônicos, como o beta-hidroxibutirato, um metabólito de sinalização que induz várias respostas moleculares diretas e indiretas. Esses mecanismos teriam um impacto positivo em várias doenças associadas à inflamação, envelhecimento e crescimento celular, como câncer, doenças cardiovasculares, diabetes tipo 2, demência e doenças autoimunes.

Os efeitos mais imediatos da produção de corpos cetônicos são aumento da lipólise (quebra da gordura), redução da fome e melhora do desempenho mental e físico (incluindo maior resistência à corrida), o que pode influenciar o tratamento da obesidade. No entanto, são necessárias mais pesquisas para entender completamente os efeitos do jejum intermitente na saúde do coração a longo prazo e sua aplicabilidade em diferentes contextos individuais.

Resumindo, os benefícios teóricos no tratamento da obesidade com o jejum intermitente são a supressão do apetite (favorecendo o déficit do consumo calórico), a melhora da disposição física e a melhora dos parâmetros metabólicos. O grande problema dessa prática dieta é que ela apresenta uma taxa de abandono superior aos pacientes que fazem restrição calórica tradicional (38% vs. 29%). Esses achados evidenciaram claramente que uma limitação significativa do jejum intermitente é justamente a adesão em médio e longo prazo e que, por isso, se torna difícil demonstrar um benefício superior dessa prática.

DESAFIO

Experimente começar uma prática de Jejum Intermitente que se encaixe melhor em sua rotina e que se adeque também aos outros pilares. Assim, experimente fazer sua última alimentação do dia o mais cedo possível. Evite comer após às 20 horas, por exemplo. Nesse mesmo sentido, tente mudar sua primeira refeição para um horário mais tarde. Adie sua primeira refeição para às 8h da manhã, por exemplo. Assim, você estará cumprindo um jejum de, pelo menos, 12 horas. Já é um bom começo. Lembre-se: esta prática não é uma recomendação obrigatória, pois não são todas as pessoas que se adaptam bem ao jejum. Além disso, caso você apresente alguma doença metabólica estabelecida, sempre consulte seu médico antes de iniciar a prática do jejum.

A IMPORTÂNCIA DA PERSONALIZAÇÃO DA DIETA

Embora essas abordagens dietéticas ofereçam promessas significativas para a saúde do coração e a produtividade, é fundamental reconhecer que não existe uma dieta única que sirva para todos. Cada indivíduo é único, com diferentes necessidades, preferências e metas de saúde.

Portanto, recomenda-se uma abordagem personalizada para a nutrição, levando em consideração fatores como idade, sexo, composição corporal, histórico médico, níveis de atividade física e objetivos de saúde. Consultar um profissional de saúde qualificado, como um nutricionista ou médico, pode ajudar a desenvolver uma dieta personalizada que atenda às necessidades específicas de cada indivíduo, promovendo assim uma saúde cardiovascular ideal e um pico de produtividade sustentável ao longo da vida.

Cientistas do hospital-escola de Harvard, nos Estados Unidos, examinaram os efeitos de três tipos de dietas consideradas saudáveis sobre marcadores que indicariam danos nas artérias do coração. A diferença entre elas estava na proporção de macronutrientes. Segundo os autores, todo mundo concorda: manter um peso corporal adequado é fundamental para prevenir doenças cardiovasculares e ter uma saúde melhor de maneira geral. No entanto, nem todos pensam do mesmo jeito ao traçar o caminho para alcançar esse objetivo à mesa. Uns falam em caprichar mais nas proteínas. Outros indicam a redução dos carboidratos. E há aqueles que ficam mais de olho no consumo de gorduras. Deixando claro que dietas muito restritivas nunca são o ideal, os cientistas, que publicaram suas conclusões no

International Journal of Cardiology[15], afirmam que escolher alimentos saudáveis importa muito mais — do ponto de vista dos testes de biomarcadores de doença cardiovascular, bem entendido — do que o tipo de macronutriente privilegiado em cada dieta.

Ou seja, o coração se importa menos se você está comendo mais proteína ou mais carboidrato. Ele gosta (ou desgosta) é do tipo de proteína e da qualidade do carboidrato. Em outras palavras, ele aprecia uma comida mais caseira com ingredientes frescos. E os autores dizem mais: a proporção de macronutrientes na dieta interferiu bem menos nos marcadores do que a quantidade de vegetais e frutas *in natura* no dia a dia. Eles, sim, fizeram o peito dos 150 participantes do estudo — com idade média de 53 anos, sendo 45% mulheres — bater mais feliz e saudável.

É importante entender aqui a necessidade urgente de mudança do padrão alimentar estabelecido no século XXI. Mais importante do que escolher uma dieta maluca qualquer (Dieta da lua, dieta da folha, dieta de marte...), é você escolher uma alimentação saudável, mudando seus hábitos alimentares de forma consistente. Comece aos poucos, gradativamente. Nada de mudanças radicais que você não conseguirá sustentar. Mantendo mudanças pequenas e constantes, antes que perceba, já terá se tornado uma pessoa mais saudável.

DICA: Evite tudo que tiver que abrir ou desembalar. Opte por alimentos que tenha que descascar.

15 "Dietary Intake of Different Types and Risk of Incident Coronary Heart Disease and Stroke: The Rotterdam Study", de de Oliveira Otto MC, Mozaffarian D, Kromhout D, Bertoni AG, Sibley CT, Jacobs DR Jr, Nettleton JA. International Journal of Cardiology. 2016; 212:15-22. https://www.sciencedirect.com/science/article/abs/pii/S0167527316302436.

REFEIÇÃO DO LIXO

Seja piedoso consigo mesmo. Comer é prazeroso. Não sejamos hipócritas, é claro que todos gostamos de *Junk Food* (pizza, sanduíches, refrigerantes...). Permita-se também ter esse prazer uma vez por semana.

Doutor, mas não seria um dia do lixo? Não! Não é dia do lixo nem fim de semana do lixo. Alguns acham que a refeição do lixo começa na sexta à noite e termina ao fim do domingo. Errado! Aí está o grande erro da maioria. Um dia inteiro comendo de forma desregrada pode afetar negativamente todo o resultado da sua semana. O correto é estabelecermos uma (não é duas, nem três: ***UMA***) refeição do lixo, seja café-da-manhã, almoço, lanche ou jantar.

Essa refeição não precisa ser obrigatoriamente aos finais de semana. Talvez no sábado à noite você nem esteja com tanta vontade assim de comer algo menos saudável, enquanto pode ter um aniversário de criança em plena quarta-feira que pode ser a oportunidade que você estava esperando. É totalmente aceitável você comer aquele bolo na quarta-feira e no sábado você seguir com sua "dieta" mantendo um bom padrão alimentar.

A IMPORTÂNCIA DE "MARMITAR": A SUA FIEL ALIADA DO DIA-A-DIA

Mencionei no começo do livro o quanto os meus anos de residência me levaram a descuidar da saúde e da minha alimentação.

Quando decidi colocar minha saúde nos trilhos, uma das principais estratégias que usei - e que funcionou maravilhosamente bem - foi passar a levar marmitas saudáveis para o trabalho. Isso me fez parar de pedir pizzas e sanduíches quando batia a fome, pois já estava com minha refeição pronta ali à mão.

Talvez você pense que "marmita" seja algo deselegante para o ambiente de trabalho, porém posso garantir com todas as letras que isso não tem nada de feio, pelo contrário, mostra que você está preocupado e se dedicando à sua saúde. Inclusive, você começa a modificar positivamente o seu meio quando as pessoas também veem que você está se dedicando em cuidar da saúde.

DESAFIO

Reserve um tempo na sua agenda para ir comprar uma bolsa de marmita e levá-la sempre consigo quando for precisar fazer refeições fora de casa.

Mas não basta só comprar a marmita, é preciso planejar e preparar o que irá dentro dela. Dessa forma, planeje o cardápio da sua semana e dedique um tempo do seu fim de semana, por exemplo, para preparar as refeições e organizar as marmitas para serem consumidas ao longo de toda a semana.

Sendo assim, diariamente, basta escolher uma delas do congelador e levar consigo para onde for. Dessa forma, não terá a desculpa de não ter tempo de preparar suas refeições durante a correria da semana nem cairá na armadilha de comer uma refeição ou lanche pouco saudável durante o trabalho por falta de opção.

OS DESAFIOS DE ÂNGELA

Para ilustrar os princípios da alimentação para a vitalidade cardíaca, vamos conhecer a história de Ângela, médica plantonista que enfrentou desafios de saúde relacionados ao coração devido a anos de alimentação inadequada e estilo de vida sedentário.

Ângela costumava se alimentar principalmente de alimentos processados, fast food e bebidas açucaradas, enquanto negligenciava frutas, vegetais e proteínas magras. Ela estava sempre ocupada com seus atendimentos, e a ideia de cozinhar refeições saudáveis parecia um luxo inacessível.

No entanto, depois de uma visita a um colega médico que revelou níveis elevados de colesterol e pressão arterial alta, Ângela percebeu que precisava fazer uma mudança drástica em sua dieta e estilo de vida. Com a orientação de um nutricionista, ela começou a incorporar gradualmente alimentos integrais e nutritivos em sua dieta, incluindo mais frutas, vegetais, grãos integrais, peixes e nozes.

Além disso, Ângela começou a tomar suplementos de ômega-3 e coenzima Q10, conforme recomendado por seu médico, para apoiar a saúde do coração. Ela também fez um esforço consciente para reduzir o consumo de sal, açúcar e gorduras saturadas, optando por opções mais saudáveis em suas refeições. Ângela substituiu refrigerantes por sucos, água e chás naturais, eliminando assim uma fonte significativa de açúcares adicionados de sua dieta. Além disso, ela sempre andava com suas marmitas. Passou a ser inclusive parte da sua identidade. *Doutora Ângela? A das marmitas?* Todo domingo ela preparava as refeições da semana, isso a ajudou a ser mais disciplinada no trabalho, evitando pedir refeições pelo aplicativo de entrega de comida.

Com o tempo, as mudanças na alimentação de Ângela começaram a mostrar resultados positivos em sua saúde cardiovascular. Seus níveis de colesterol e pressão arterial diminuíram gradualmente, e ela começou a se sentir mais enérgica e alerta no dia a dia. Além disso, sua disposição mental melhorou, permitindo que ela se concentrasse melhor em seus atendimentos nos plantões e tomada de decisões.

Ao adotar uma abordagem mais consciente em relação à alimentação e nutrição, Ângela não apenas fortaleceu seu coração, mas também transformou sua saúde e qualidade de vida como um todo. Ela percebeu que investir na nutrição adequada não era apenas uma medida preventiva contra doenças cardíacas, mas também uma forma de otimizar seu desempenho profissional e pessoal a longo prazo.

A jornada de Ângela destaca a importância de fazer escolhas alimentares inteligentes e conscientes para promover a saúde cardiovascular e a vitalidade geral. Ao priorizar uma dieta equilibrada e nutritiva, rica em alimentos naturais e nutrientes essenciais, podemos fortalecer não apenas nosso coração, mas também nosso corpo e mente, permitindo-nos alcançar nosso verdadeiro potencial como empresários e indivíduos.

Neste capítulo, exploramos a poderosa conexão entre a alimentação inteligente e a vitalidade do coração, oferecendo uma visão abrangente sobre como nossas escolhas alimentares influenciam diretamente nossa saúde cardiovascular e bem-estar geral. A partir dos princípios da alimentação saudável para o coração, aprendemos a valorizar uma dieta equilibrada, rica em alimentos naturais e nutrientes essenciais, enquanto limitamos o consumo de alimentos processados e prejudiciais.

A história inspiradora de Ângela nos mostra que é possível transformar a saúde cardiovascular e promover a vitalidade por meio de escolhas conscientes na alimentação e no estilo de vida. Ao priorizar alimentos integrais, incorporar suplementos benéficos e adotar práticas alimentares inteligentes, podemos fortalecer não apenas nosso coração, mas também nosso corpo e mente, capacitando-nos a alcançar nosso potencial máximo como empresários e indivíduos.

Ao adotar uma abordagem consciente em relação à nutrição, não apenas mitigamos os riscos de doenças cardíacas, mas também impulsionamos nossa energia, foco e desempenho, tanto nos negócios quanto na vida pessoal. Cada refeição se torna uma oportunidade de nutrir não apenas o corpo, mas também a mente e a alma, capacitando-nos a alcançar novos patamares de sucesso e plenitude.

Portanto, convido você, caro leitor, a abraçar o poder transformador da alimentação para a vitalidade cardíaca. Que cada escolha alimentar seja um investimento em sua saúde e felicidade, guiando-o em direção a uma vida abundante e vibrante. Ao nutrir seu corpo com alimentos nutritivos e amorosos, você está pavimentando o caminho para um coração forte e uma jornada de sucesso duradouro.

DICA: Sempre que precisar comer fora de casa ou pedir por um aplicativo de entrega, tenha a consciência de se perguntar: Essa é a opção mais saudável disponível? Ao começar a realizar este exercício, você irá se policiar nas escolhas mesmo quando não conseguir levar suas marmitas.

SUPLEMENTAÇÃO DE CREATINA

A creatina é um suplemento consolidado para o aumento de força e ganho de massa muscular. Ainda assim, a cada dia, mais estudos são publicados mostrando diversos benefícios em outros sistemas como, por exemplo, benefícios cognitivos, com uma melhora na saúde do cérebro, especialmente em populações vulneráveis, como idosos e pessoas com distúrbios neurológicos, e benefícios cardiovasculares, como a melhora na função contrátil do coração.

A dosagem de suplementação de creatina costuma variar dependendo do peso corporal do indivíduo e do protocolo de uso. Geralmente, inicia-se com uma quantidade maior de creatina por um curto período de tempo, seguida por uma fase de manutenção com uma dosagem menor. Durante a primeira fase, a dosagem típica é de cerca de 0,3 gramas por quilo de peso corporal por dia, geralmente dividida em doses de 5 gramas, tomadas de 4 a 5 vezes ao dia, durante 5 a 7 dias. A dosagem de manutenção comum é de cerca de 0,03 gramas por quilo de peso corporal por dia, correspondendo a cerca de 3-5 gramas por dia para a maioria dos adultos. Por exemplo, se seu peso é de 70kg, a fase inicial seria 70 x 0,03, resultando em 21 g do suplemento e, para a fase de manutenção, 70 x 0,03, correspondendo a 2,1 g. Portanto, para determinar a dosagem adequada de suplementação de creatina, você pode calcular as quantidades com base em seu peso corporal.

Infelizmente, com uma overdose de desinformação na Internet e nas redes sociais, muitos mitos errôneos têm sido criados em relação ao uso da creatina. Quero desmistificar dois dos principais que vemos sendo espalhados atualmente:

- Pressão arterial: Muitas pessoas, em especial os hipertensos, evitam o consumo de creatina por causa da informação de que ela pode aumentar a pressão arterial. MITO. A creatina não causa aumento da pressão, pelo contrário, pode, inclusive, ajudar, a longo prazo, no controle da pressão arterial.
- Rins: Certamente é uma das polêmicas mais comuns divulgadas acerca da creatina é a de que ela pode ocasionar problema nos rins. MITO. A creatina não causa disfunção renal. No entanto, precisamos deixar aqui um ponto de ressalva.

ATENÇÃO: *Apesar do uso da creatina não gerar problema nos rins, aqueles indivíduos que já apresentam alguma alteração renal prévia, devem consumir uma dose menor ou até mesmo seguirem a recomendação de não utilizar o suplemento. Pessoas nessa situação devem seguir, sem exceção, a orientação do seu médico, em especial do seu nefrologista. Em geral, o uso da creatina eleva um indicador rotineiramente apresentado nos exames de sangue chamado creatinina, que é um marcador de função renal. No entanto, o aumento da creatinina pode ocorrer com o consumo da creatina, mas isso não significa que esteja havendo lesão renal.*

Por isso, lembre-se sempre de consultar um profissional de saúde ou nutricionista antes de iniciar qualquer regime de suplementação para garantir que seja seguro e adequado para suas necessidades individuais.

4

O PODER DO SONO NA PERFORMANCE

O sono é uma das necessidades fundamentais do ser humano, tão essencial quanto a alimentação e a atividade física. No entanto, sua importância muitas vezes é subestimada em um mundo onde a cultura da produtividade e do trabalho constante muitas vezes prevalece. Neste capítulo, vamos mergulhar profundamente no vasto e fascinante mundo do sono, explorando sua profunda influência na saúde cardiovascular, na produtividade e no sucesso profissional. Mais do que apenas um período de descanso, o sono é um momento crucial em que nosso corpo e nossa mente se recuperam, se regeneram e se preparam para enfrentar os desafios do dia seguinte.

A IMPORTÂNCIA DO SONO NA PERFORMANCE E NA SAÚDE

No ritmo acelerado do mundo empresarial, onde o sucesso muitas vezes é medido pelo quanto se pode fazer em 24 horas, o sono frequentemente fica em segundo plano. Empresários e empreendedores enfrentam uma pressão constante para superar a concorrência, inovar e liderar suas equipes para o sucesso. Esse cenário propício a estresse e ansiedade pode desencadear uma série de transtornos do sono, impactando não só a saúde cardíaca, mas também a produtividade e o bem-estar geral. Vamos mergulhar nesse universo, trazendo à tona os desafios enfrentados e oferecendo exemplos práticos juntamente com embasamento científico.

Para líderes corporativos e empreendedores, o sono é um aliado essencial na busca pela excelência. Uma boa noite de sono não apenas melhora o desempenho cognitivo, a tomada de decisões e a criatividade, mas também fortalece o sistema imunológico, regula o metabolismo e promove a saúde cardiovascular. No entanto, em uma sociedade onde o trabalho muitas vezes é valorizado acima do descanso, é fácil cair na armadilha da privação de sono, o que pode ter consequências graves para a saúde física e mental a longo prazo.

O sono é um dos pilares fundamentais da saúde e do bem-estar humano. Em um mundo onde a cultura da produtividade muitas vezes se sobrepõe à necessidade de descanso adequado, compreender a importância do sono se torna ainda mais crucial. Não se trata apenas de um período de inatividade, mas sim de um momento vital em que o corpo e a mente passam por processos complexos e essenciais de restauração, regeneração e consolidação.

Vamos começar explorando a relação entre sono e saúde cardiovascular. A privação crônica de sono tem sido associada a uma série de problemas cardíacos, incluindo hipertensão arterial, doenças coronarianas, arritmias cardíacas e AVC. Durante o sono, o corpo realiza uma série de processos fisiológicos importantes para a saúde do coração, como a regulação da pressão arterial e a redução do estresse no sistema cardiovascular. A falta de sono adequado pode interferir nesses processos, aumentando o risco de desenvolvimento de doenças cardiovasculares.

Além disso, o sono desempenha um papel crucial na alta performance e na produtividade. Durante o sono REM, ocorre a consolidação da memória, o que é essencial para o aprendizado e a retenção de informações. O sono também é crucial para a regulação do humor, da atenção e da capacidade de raciocínio lógico e criativo. Quando estamos privados de sono, nossa capacidade de concentração, tomada de decisões e resolução de problemas fica comprometida, afetando diretamente nossa performance no trabalho e em outras áreas da vida.

Por outro lado, quando desfrutamos de um sono de qualidade, somos capazes de alcançar nosso máximo potencial. Estudos[16] mostram que indivíduos que dormem o suficiente têm melhor desempenho cognitivo, maior capacidade de resolver problemas complexos e são mais criativos e inovadores. Além disso, o sono adequado está associado a níveis mais baixos de estresse, maior bem-estar emocional e uma sensação geral de vitalidade e energia.

Então, como podemos priorizar o sono para promover a saúde cardiovascular, a alta performance e a produtividade? Primeiro, é importante estabelecer uma rotina regular de sono, indo para a cama e acordando no mesmo horário todos os dias. Também é essencial criar um ambiente propício ao sono, com um colchão confortável, temperatura ambiente adequada e ausência de luz e ruído excessivos. Além disso, limitar a exposição à luz azul de dispositivos eletrônicos antes de dormir e praticar técnicas de relaxamento, como meditação e respiração profunda, podem ajudar a preparar o corpo e a mente para uma noite de sono tranquila e reparadora.

Ao fazer do sono uma prioridade em nossa vida, estamos investindo em nossa saúde física e mental, nossa performance e nosso sucesso a longo prazo. Portanto, reserve um tempo para cuidar do seu sono e colha os benefícios de uma vida bem descansada e produtiva.

16 "Sleep and the Allocation of Time", de Hale L, Guan S. Journal of Economic Behavior & Organization. 2015; 109:148-162. https://www.sciencedirect.com/science/article/pii/S0167268114002376.

AS ETAPAS DO SONO

	Estágio do Sono		Duração
Acordado	Estágio 0		16-18 horas por dia
Sono NREM	Sono Leve	Estágio 1	4-7 horas por noite
		Estágio 2	
	Sono Profundo	Estágio 3	
Sono REM	Estágio R		1h-1h30 por noite

Um sono de qualidade é muito mais do que simplesmente dormir por um determinado número de horas. Envolve uma série de fatores que contribuem para a sua eficácia na restauração física, cognitiva e emocional. Para entender melhor o que constitui um sono de qualidade, é essencial compreender as diferentes etapas do sono e como elas se relacionam.

O sono passa por ciclos distintos, cada um com suas próprias características e funções. O primeiro estágio é o chamado sono leve, onde o corpo começa a relaxar e a preparar-se para adormecer. É nesse estágio que podemos ser facilmente acordados e geralmente dura apenas alguns minutos. Em seguida, entramos no estágio do sono NREM (Não-REM), que é dividido em três fases: N1 (Estágio 1), N2 (Estágio 2) e N3 (Estágio 3).

Na fase N1, o sono torna-se um pouco mais profundo, os movimentos oculares diminuem e a atividade cerebral começa a desacelerar. É um estágio de transição entre a vigília e o sono mais profundo. Em seguida, vem a fase N2, onde ocorre uma verdadeira imersão no sono. Nesta fase, a atividade cerebral é caracterizada por padrões de ondas específicos conhecidos como complexos K e fusos de sono. O corpo começa a se reparar e a recuperar durante esta fase, mas ainda é relativamente fácil de acordar.

A fase N3 é o sono profundo, também conhecido como sono de ondas lentas. É durante esta fase que ocorrem os processos mais importantes de restauração física, como a reparação de tecidos, a liberação de hormônios de crescimento e a consolidação da memória. É mais difícil de acordar alguém nesta fase e é considerada a parte mais restauradora do sono.

Após as fases NREM, entramos no estágio do sono REM (Movimento Rápido dos Olhos). É durante o sono REM que ocorrem os sonhos mais vívidos. A atividade cerebral neste estágio se assemelha ao estado de vigília, mas os músculos estão temporariamente paralisados, exceto os músculos dos olhos e do diafragma. O sono REM desempenha um papel crucial na consolidação da memória, no processamento emocional e na regulação do humor.

Um sono de qualidade é aquele que passa por todos esses estágios de forma regular e eficiente. Cada fase do sono desempenha um papel único na restauração do corpo e da mente, e interrupções em qualquer uma delas podem comprometer a qualidade geral do sono. Portanto, para garantir um sono de qualidade, é importante criar um ambiente propício ao descanso, estabelecer uma rotina regular de sono e adotar hábitos saudáveis de higiene do sono. Ao fazer isso, podemos colher os inúmeros benefícios de uma boa noite de sono para nossa saúde e bem-estar geral.

Melhorar a qualidade do sono é fundamental para garantir uma boa saúde física, mental e emocional. Existem várias estratégias comprovadas cientificamente que podem ajudar a promover um sono mais restaurador e rejuvenescedor. Vamos explorar algumas delas, acompanhadas de exemplos práticos e embasamento científico:

- Estabeleça uma Rotina de Sono Consistente: Ir para a cama e acordar no mesmo horário todos os dias, inclusive nos finais de semana, pode ajudar a regular o relógio biológico do corpo. Isso ajuda a sincronizar os ciclos naturais de sono e vigília, tornando mais fácil adormecer e acordar naturalmente. Por exemplo, defina um horário de dormir às 22h e um horário de acordar às 6h todos os dias.
- Crie um Ambiente Propício ao Sono: O ambiente em que dormimos desempenha um papel crucial na qualidade do sono. Mantenha o quarto escuro, fresco e silencioso. Use cortinas opacas, um ventilador ou aparelho de ruído branco para bloquear qualquer barulho externo e mantenha uma temperatura confortável, idealmente entre 18°C e 22°C.
- Evite Estímulos Eletrônicos antes de Dormir: A exposição à luz azul emitida por dispositivos eletrônicos, como smartphones, tablets e computadores, pode interferir na produção de melatonina, o hormônio do sono. Evite usar esses dispositivos pelo menos uma hora antes de dormir. Em vez disso, opte por atividades relaxantes, como ler um livro ou ouvir música suave.
- Pratique Higiene do Sono: Estabeleça uma rotina de relaxamento antes de dormir para sinalizar ao corpo que é hora de se preparar para o sono. Isso pode incluir tomar um banho quente, praticar técnicas de respiração profunda, meditação ou alongamento suave. Por exemplo, reserve 15 a 30 minutos antes de dormir para uma prática de meditação guiada ou ioga.

- Limite o Consumo de Cafeína e Álcool: A cafeína e o álcool podem interferir na qualidade do sono e dificultar adormecer. Evite consumir cafeína pelo menos seis horas antes de dormir e limite o consumo de álcool, especialmente antes de dormir. Em vez disso, opte por bebidas descafeinadas ou chás relaxantes, aliás, chá de camomila é uma excelente opção.
- Pratique Atividade Física Regularmente: O exercício regular pode promover um sono mais profundo e restaurador. No entanto, evite exercícios vigorosos perto da hora de dormir, pois isso pode estimular o corpo e dificultar o relaxamento. Opte por atividades mais leves, como uma caminhada relaxante após o jantar ou ioga suave.
- Mantenha uma Dieta Equilibrada: Certos alimentos e bebidas podem ajudar a promover o sono, como alimentos ricos em triptofano (um aminoácido precursor da serotonina, que por sua vez é convertido em melatonina) e chás de ervas calmantes, como camomila e valeriana. Evite refeições pesadas e picantes antes de dormir, pois estas podem causar desconforto digestivo e dificultar o sono.

Ao incorporar essas estratégias em sua rotina diária, você estará criando um ambiente propício para um sono de melhor qualidade. Lembre-se de que a qualidade do sono é essencial para a saúde física, mental e emocional a longo prazo, e investir nela é um investimento valioso em seu bem-estar geral.

DESAFIO

Troque todas as luzes brancas do quarto por luzes amarelas. Isso causará em você uma maior sensação de relaxamento e evitará que esteja em estado em alerta em um ambiente que é destinado para o descanso.

DESAFIO

À noite, antes de ir descansar, tome um banho relaxante, com luz amarela e uma música calma. Além disso, desconecte-se do seu celular (de preferência, deixe-o carregando em outro cômodo ou bem longe da cama) e desligue a televisão pelo menos 1 hora antes de dormir. Importante: Café fica proibido depois das 16h. Opte por jantar pelo menos 2 ou 3 horas antes de dormir e dê preferência por refeições mais leves.

OS IMPACTOS DO SONO (E DA SUA FALTA) NA SAÚDE DO CORAÇÃO E NA PRODUTIVIDADE

Compreender os impactos do sono adequado no coração, na produtividade e as consequências da privação de sono é essencial para valorizar a qualidade do descanso e sua influência em diversos aspectos da vida. Vamos explorar esses pontos com exemplos práticos e embasamento científico:

Embora o sono seja muitas vezes visto apenas como um período de inatividade, ele desempenha um papel crucial na saúde cardiovascular. Por outro lado, um sono de qualidade está associado a um menor risco de problemas cardíacos e a uma melhor saúde cardiovascular.

Imagine um indivíduo que adota hábitos de sono saudáveis, garantindo 7-9 horas de sono por noite, seguindo uma rotina regular de sono e criando um ambiente propício ao descanso. Esse indivíduo pode experimentar benefícios como uma pressão arterial mais baixa, menor inflamação no corpo e menor probabilidade de desenvolver doenças cardíacas ao longo do tempo.

Um sono de qualidade é essencial para a alta performance e a produtividade em todas as áreas da vida. Durante o sono, o corpo se recupera e se regenera, permitindo que a mente esteja alerta e funcione com eficácia durante o dia. Quando não dormimos o suficiente ou temos um sono de má qualidade, nossa capacidade de concentração, tomada de decisões e desempenho cognitivo são comprometidos.

Considere um profissional que prioriza o sono e garante que está recebendo a quantidade adequada de descanso todas as noites. Esse profissional podc cxpcrimentar benefícios como maior clareza mental, capacidade de resolver problemas de forma eficaz e maior criatividade no trabalho.

Um estudo[17] publicado no *Journal of Sleep Research* descobriu que a privação de sono está associada a um desempenho cognitivo prejudicado, incluindo dificuldade de concentração, memória comprometida e raciocínio lento. Além disso, a falta de sono adequado também pode afetar negativamente o humor, a motivação e a capacidade de lidar com o estresse.

17 "Impact of sleep debt on metabolic and endocrine function", de Taheri S, Lin L, Austin D, Young T, Mignot E. The Lancet. 2004; 354(9188):1435-9. https://www.sciencedirect.com/science/article/pii/S0140673604164246.

A ciência nos revela que o sono não é apenas um período de descanso passivo, mas sim um momento ativo em que o corpo realiza uma série de processos essenciais para sua saúde e funcionamento adequado. Quando dormimos, nosso sistema cardiovascular se beneficia da redução da pressão arterial e da modulação do ritmo cardíaco, promovendo uma circulação sanguínea mais eficiente e menos estresse sobre o coração. Este é um período crucial para a regeneração dos tecidos, a reparação celular e a liberação de hormônios importantes para a saúde cardiovascular.

Além disso, o sono desempenha um papel crucial na produtividade e na tomada de decisões. Durante o sono REM, nosso cérebro consolida memórias e processa informações, preparando-nos para enfrentar os desafios do dia seguinte. Estudos[18] mostram que a privação de sono está associada a déficits cognitivos significativos, incluindo dificuldade de concentração, lapsos de memória e tempo de reação mais lento. Por exemplo, outro estudo publicado no *Journal of Sleep Research*[19] descobriu que a privação de sono de apenas uma noite resultou em desempenho cognitivo prejudicado semelhante ao de pessoas com níveis de álcool no sangue acima do limite legal para dirigir.

Por outro lado, quando priorizamos o sono adequado e adotamos hábitos de sono saudáveis, colhemos os frutos de uma mente alerta, um corpo rejuvenescido e um coração forte. Aqueles que respeitam e nutrem seu sono têm mais energia para enfrentar os desafios, mais clareza para tomar decisões importantes e mais vitalidade para viver uma vida plena e significativa.

No entanto, a privação crônica de sono pode ter uma série de consequências negativas para a saúde física, mental e emocional. Além

---

18 "Total sleep deprivation decreases flow experience and mood status", de Pilcher JJ, Huffcutt AI. Journal of Sleep Research. 1996; 5(3): 157-161. https://pubmed.ncbi.nlm.nih.gov/8891625/.

19 "One night of sleep deprivation decreases treadmill endurance performance", de Oliver SJ, Costa RJS, Laing SJ, Bilzon JLJ, Walsh NP. Journal of Sleep Research. 2009; 18(3): 285-294. https://pubmed.ncbi.nlm.nih.gov/19645957/.

do aumento do risco de doenças cardíacas, a falta de sono adequado também está associada a problemas como obesidade, diabetes tipo 2, depressão, ansiedade e comprometimento do sistema imunológico.

Pense em alguém que regularmente não dorme o suficiente devido a compromissos profissionais ou estilo de vida agitado. Essa pessoa pode experimentar efeitos adversos como fadiga crônica, irritabilidade, dificuldade de concentração e maior probabilidade de desenvolver problemas de saúde a longo prazo.

A falta de sono adequado não é apenas uma questão de sentir-se cansado ou desmotivado. É uma questão de saúde pública, com consequências graves e duradouras para nossa saúde física, mental e emocional. Portanto, a falta de sono adequado não afeta apenas a saúde física e mental, mas também tem sérias consequências sociais e econômicas. Estudos[20] mostram que a privação de sono está associada a um aumento dos acidentes de trabalho, absenteísmo e diminuição da produtividade.

Em resumo, priorizar o sono adequado é essencial para promover a saúde cardiovascular, a alta performance e a produtividade. Ao reconhecer os impactos positivos do sono de qualidade e as consequências negativas da privação de sono, podemos tomar medidas para melhorar nossos hábitos de sono e garantir que estejamos recebendo o descanso necessário para um funcionamento ótimo em todas as áreas da vida. Incorporar rotinas de sono saudáveis, como estabelecer um horário regular de dormir e acordar, criar um ambiente propício ao descanso, limitar a exposição à luz azul antes de dormir e praticar técnicas de relaxamento, pode fazer uma grande diferença na qualidade do sono e, consequentemente, na saúde cardiovascular e na produtividade.

20 "The impact of sleep deprivation on performance: a review of the literature", de Pilcher JJ, Huffcutt AI. Military Psychology. 1996; 8(4): 235-267. https://doi.org/10.1207/s15327876mp0804_2.

Além disso, é importante reconhecer a importância do sono como uma parte essencial de nossas vidas e não negligenciá-lo em prol de outras atividades. Priorizar o sono não é apenas uma questão de conveniência ou conforto, mas sim uma necessidade fundamental para promover uma saúde ótima e um desempenho de pico em todas as áreas da vida.

Portanto, ao entender os impactos do sono adequado no coração, na produtividade e as consequências da privação de sono, podemos tomar medidas proativas para cuidar melhor de nossa saúde e bem-estar geral. Investir em hábitos de sono saudáveis é investir em nosso futuro e garantir que possamos alcançar nosso máximo potencial em todas as áreas da vida.

Investir em hábitos de sono saudáveis não é apenas uma escolha pessoal, mas uma necessidade urgente para a saúde e o bem-estar individual e coletivo. Ao reconhecer os profundos impactos do sono adequado no coração, na produtividade e na qualidade de vida, podemos tomar medidas proativas para priorizar o sono e colher os benefícios de uma vida plena e saudável.

CONHECENDO O DESCENSO NOTURNO DA PRESSÃO

Imagine-se em um estado de profundo relaxamento, envolto em um silêncio reconfortante, enquanto seu corpo se entrega ao sono restaurador. Nesse momento de calma, algo extraordinário está acontecendo dentro de você: o descenso noturno da pressão arterial. Este fenômeno, muitas vezes negligenciado, é uma peça fundamental do quebra-cabeça do sono saudável e da saúde cardiovascular.

Durante a noite, enquanto estamos imersos no sono profundo, nosso corpo passa por uma série de mudanças fisiológicas complexas. Uma dessas mudanças é o descenso noturno da pressão arterial, um processo natural em que a pressão arterial tende a diminuir de 10 a 20% os seus níveis em relação aos níveis diurnos. Esse declínio é especialmente pronunciado durante o sono profundo, quando o corpo está em seu estado mais relaxado e regenerativo.

Mas por que isso é importante? Bem, a pressão arterial é um indicador crucial da saúde cardiovascular. Quando a pressão arterial é cronicamente alta, isso coloca uma carga excessiva no coração e nos vasos sanguíneos, aumentando o risco de doenças cardíacas, acidente vascular cerebral e outros problemas de saúde. Portanto, o descenso noturno da pressão arterial desempenha um papel vital na proteção do coração e dos vasos sanguíneos contra danos.

Para ilustrar essa importância, considere o seguinte exemplo: Imagine uma pessoa que mantém um estilo de vida saudável, incluindo hábitos de sono consistentes e uma dieta equilibrada. Durante a noite, seu corpo experimenta um descenso noturno saudável da pressão arterial, o que significa que seu coração e seus vasos sanguíneos estão recebendo um descanso bem merecido. Como resultado, essa pessoa está menos propensa a desenvolver hipertensão arterial e outras condições cardiovasculares no longo prazo.

Além dos benefícios para a saúde do coração, o descenso noturno da pressão arterial também está associado a um sono mais profundo e restaurador. Estudos[21] mostram que indivíduos que experimentam um descenso adequado da pressão arterial durante a noite tendem a ter uma melhor qualidade de sono, acordando mais revigorados e alertas pela manhã.

---

21 "Blood pressure dipping and sleep quality". Sherwood A, Steffen PR, Blumenthal JA, Kuhn C, Hinderliter AL. Sleep Medicine. 2011; 12(1): 32-37. https://doi.org/10.1016/j.sleep.2010.07.021.

No entanto, nem todos têm a sorte de experimentar esse declínio saudável da pressão arterial durante o sono. Para muitas pessoas, especialmente aquelas com hipertensão arterial ou distúrbios do sono, o descenso noturno da pressão arterial pode ser prejudicado. Isso pode aumentar o risco de complicações cardiovasculares e afetar negativamente a qualidade do sono e a saúde geral.

Um estudo prospectivo[22] de 556 hipertensos resistentes (seguimento de 4,8 anos) indicou que a ausência de descenso noturno é um importante marcador de risco cardiovascular. Ou seja, quem tem ausência de Descenso Noturno morre mais de infarto e AVC, caracterizando assim este fator com um bom preditor de saúde do seu coração.

Portanto, é essencial cultivar hábitos de sono saudáveis e adotar medidas para promover um descenso noturno saudável da pressão arterial. Isso inclui seguir uma rotina regular de sono, criar um ambiente propício ao descanso, gerenciar o estresse e manter um estilo de vida saudável. Ao fazer isso, podemos ajudar a proteger nosso coração e nossa saúde cardiovascular, enquanto desfrutamos de noites de sono tranquilas e restauradoras.

APNEIA DO SONO: O ROUBO SILENCIOSO DO OXIGÊNIO

Outro transtorno prevalente é a apneia obstrutiva do sono, onde a respiração para e recomeça repetidamente durante a noite. Imagine

22 de Souza F, Muxfeldt ES, Salles GF. Prognostic factors in resistant hypertension: implications for cardiovascular risk stratification and therapeutic management. Expert Rev Cardiovasc Ther. 2012;10(6):735-45.

um empreendedor que ronca alto e acorda se sentindo exausto, mesmo após uma noite "completa" de sono.

Impacto na saúde cardíaca: A apneia do sono é um fator de risco bem estabelecido para hipertensão, arritmias, infarto do miocárdio e insuficiência cardíaca. A interrupção da respiração aumenta a pressão no peito e sobrecarrega o coração.

Impacto na produtividade: A sonolência diurna resultante prejudica a atenção, o foco e a energia, essenciais para o dinamismo e a inovação no mundo dos negócios.

Imagine-se em uma noite tranquila de sono, quando subitamente seu ritmo respiratório é interrompido repetidamente, causando breves despertares e uma sensação de sufocamento. Isso pode ser um sintoma de apneia do sono, uma condição caracterizada por pausas na respiração durante o sono. Embora muitas vezes negligenciada, a apneia do sono pode ter sérias repercussões na saúde do coração e na produtividade durante o dia.

A apneia do sono é mais do que apenas ronco alto ou uma noite de sono agitada. É um distúrbio do sono que pode ter efeitos significativos na saúde cardiovascular. Durante os episódios de apneia, a oxigenação do sangue diminui, o que pode aumentar a pressão arterial e causar uma série de mudanças adversas no sistema cardiovascular. Estudos[23] científicos mostram que a apneia do sono está associada a um maior risco de hipertensão arterial, arritmias cardíacas, doenças coronárias e acidente vascular cerebral (AVC).

Mas como isso afeta a produtividade durante o dia? Bem, a apneia do sono pode levar a uma série de sintomas diurnos, incluindo

23 "Sleep Apnea and Cardiovascular Disease: An American Heart Association/American College Of Cardiology Foundation Scientific Statement From the American Heart Association Council for High Blood Pressure Research Professional Education Committee, Council on Clinical Cardiology, Stroke Council, and Council On Cardiovascular Nursing", de Somers VK, White DP, Amin R, et al. Circulation. 2008; 118(10): 1080-1111. https://doi.org/10.1161/CIRCULATIONAHA.107.189375.

sonolência excessiva, fadiga, dificuldade de concentração e irritabilidade. Esses sintomas podem prejudicar o desempenho no trabalho, diminuir a motivação e comprometer a capacidade de tomar decisões informadas. Estudos[24] mostram que os indivíduos com apneia do sono têm maior probabilidade de cometer erros no trabalho, perder dias de trabalho devido a doenças relacionadas à fadiga e ter um desempenho geral inferior.

Para ilustrar a importância desse problema, considere o seguinte exemplo: Imagine um profissional dedicado que luta para se concentrar durante o dia devido à apneia do sono não diagnosticada. Como resultado, ele comete erros no trabalho, fica irritado com colegas e clientes e luta para cumprir prazos importantes. Esses problemas afetam não apenas sua produtividade, mas também sua qualidade de vida e bem-estar geral.

Felizmente, existem opções de tratamento eficazes para a apneia do sono, que podem ajudar a melhorar a qualidade do sono, reduzir os sintomas diurnos e proteger a saúde cardiovascular. Essas opções incluem terapia com pressão positiva contínua nas vias respiratórias (CPAP), dispositivos de avanço mandibular, cirurgia e mudanças no estilo de vida, como perda de peso e evitar álcool e tabaco antes de dormir.

Portanto, se você suspeitar que está sofrendo de apneia do sono, é importante procurar ajuda médica o mais rápido possível. Ao diagnosticar e tratar a apneia do sono, você não só protege sua saúde cardiovascular, mas também melhora sua qualidade de sono e sua produtividade durante o dia. Lembre-se: um sono saudável é essencial para uma vida plena e produtiva.

24 "Impact of sleep disorders and sleep deprivation on cardiovascular outcomes: a review", de Youssef IH, Kostandy G, Tsai SC. Cardiology in Review. 2021; 29(1): 41-50. https://doi.org/10.1097/CRD.0000000000000341.

Doutor, é possível avaliar a possibilidade de ter apneia do sono? Claro. O questionário de Epworth é um bom começo. Vamos preenchê-lo?

DESAFIO

A Escala de Sonolência de Epworth (ESE)[25] é um teste destinado a medir a sonolência diurna, realizado através de um questionário muito curto e bastante útil para o diagnóstico de distúrbios do sono.

Classifique as situações associadas à sua sonolência:

Sentar e ler:

( ) Nenhuma chance de cochilar (0 pontos)
( ) Leve chance de cochilar (1 ponto)
( ) Chance moderada de cochilar (2 pontos)
( ) Alta chance de cochilar (3 pontos)

Assistir à TV:

( ) Nenhuma chance de cochilar (0 pontos)
( ) Leve chance de cochilar (1 ponto)
( ) Chance moderada de cochilar (2 pontos)
( ) Alta chance de cochilar (3 pontos)

Ficar sentado, sem fazer nada, em um local público:

( ) Nenhuma chance de cochilar (0 pontos)
( ) Leve chance de cochilar (1 ponto)

25 Johns MW. A new method for measuring daytime sleepiness: the Epworth sleepiness scale. Sleep. 1991;14:540-5. PubMed ID: 1798888 PubMed Logo. EBMcalc is Copyright © 1998-2022 Foundation Internet Services [Build 267312 v22.3].

( ) Chance moderada de cochilar (2 pontos)
( ) Alta chance de cochilar (3 pontos)

Ficar sentado, por uma hora, como passageiro em um carro:

( ) Nenhuma chance de cochilar (0 pontos)
( ) Leve chance de cochilar (1 ponto)
( ) Chance moderada de cochilar (2 pontos)
( ) Alta chance de cochilar (3 pontos)

Deitar à tarde para descansar:

( ) Nenhuma chance de cochilar (0 pontos)
( ) Leve chance de cochilar (1 ponto)
( ) Chance moderada de cochilar (2 pontos)
( ) Alta chance de cochilar (3 pontos)

Sentar e conversar com outra pessoa:

( ) Nenhuma chance de cochilar (0 pontos)
( ) Leve chance de cochilar (1 ponto)
( ) Chance moderada de cochilar (2 pontos)
( ) Alta chance de cochilar (3 pontos)

Sentar, em silêncio, depois do almoço (sem ingestão de álcool):

( ) Nenhuma chance de cochilar (0 pontos)
( ) Leve chance de cochilar (1 ponto)
( ) Chance moderada de cochilar (2 pontos)
( ) Alta chance de cochilar (3 pontos)

Parado em um carro durante um congestionamento:

( ) Nenhuma chance de cochilar (0 pontos)
( ) Leve chance de cochilar (1 ponto)
( ) Chance moderada de cochilar (2 pontos)
( ) Alta chance de cochilar (3 pontos)

Contagem de pontos, critérios totais: ________

Interpretação de ESE:

1 - 6 pontos: Sono normal
7 - 8 pontos: Média de sonolência
9 - 24 pontos: Sonolência anormal (possivelmente patológica)

Avisos legais e isenção de responsabilidades:

Todas as informações contidas aqui e produzidas pelo sistema EBMcalc são fornecidas apenas com propósitos educacionais. Estas informações não devem ser usadas para diagnóstico ou tratamento de quaisquer problemas de saúde ou doenças. ***Essas informações não devem substituir o julgamento clínico ou orientar de alguma forma o tratamento individual dos pacientes.***

INSÔNIA: O INIMIGO SILENCIOSO DA PRODUTIVIDADE

A insônia, caracterizada pela dificuldade em iniciar ou manter o sono, é o transtorno do sono mais comum entre os empresários.

Imagine um empreendedor que, às 2 da manhã, está deitado na cama com os olhos arregalados, sua mente fervilhando com planos de negócios e preocupações financeiras. Esse cenário é familiar para muitos.

No entanto, o que muitos desconhecem, é o enorme impacto negativo que a insônia crônica pode trazer em diversos aspectos para a vida da pessoa, tanto pessoal quanto profissional. Como estamos trabalhando juntos através deste livro para que você desenvolva um coração forte e tenha uma performance ainda maior na vida e nos negócios, abordarei de forma direta dois desses impactos para chamar a sua atenção para a realidade de não ter uma noite de sono de qualidade:

- Impacto na saúde cardíaca: A falta crônica de sono pode levar a um aumento da pressão arterial e do risco de doenças cardiovasculares. A insônia está associada a um aumento do cortisol, o "hormônio do estresse", que, em níveis elevados, pode prejudicar o coração.
- Impacto na produtividade: A privação de sono afeta a cognição, a memória e a tomada de decisões, essenciais para um empresário. Estudos[26] mostram que a insônia pode levar a uma redução significativa na capacidade de concentração e na produtividade geral.

Talvez você conheça bem a sensação de encerrar um dia repleto de desafios e responsabilidades, ansioso pelo merecido descanso, apenas para se encontrar em uma batalha perdida contra a insônia. A insônia crônica é uma realidade enfrentada por muitos empreen-

26 "Insomnia and productivity loss in the workplace", de Kessler RC, Berglund PA, Coulouvrat C, Hajak G, Roth T, Shahly V, Shillington AC, Stephenson JJ, Walsh JK. Journal of Occupational and Environmental Medicine. 2011; 53(6): 633-642. https://doi.org/10.1097.

dedores e empresários, uma luta diária que pode ter impactos significativos não apenas na sua saúde, mas também na sua produtividade e sucesso nos negócios.

Essa condição vai além da simples dificuldade para adormecer. É um estado persistente de privação de sono, onde a mente continua a trabalhar mesmo quando o corpo anseia pelo descanso. Para você, que enfrenta essa batalha todas as noites, é importante compreender os sérios impactos que a insônia crônica pode ter na saúde do coração.

Estudos científicos[27] têm mostrado repetidamente a relação entre a falta de sono adequado e problemas cardiovasculares, como hipertensão arterial, doenças cardíacas e inflamação sistêmica. A privação crônica de sono não apenas aumenta o risco dessas condições, mas também pode contribuir para um ciclo de estresse e ansiedade que só piora a situação.

E não para por aí. A falta de sono adequado também afeta diretamente sua capacidade de liderar e prosperar nos negócios. A fadiga, a irritabilidade e a dificuldade de concentração que acompanham a insônia crônica podem prejudicar sua tomada de decisões, criatividade e eficácia no trabalho.

Mas há esperança. Existem opções de tratamento não farmacológico disponíveis para ajudar a combater a insônia crônica e restaurar sua saúde cardiovascular e produtividade. A terapia cognitivo-comportamental para insônia (TCC-I), por exemplo, é uma abordagem baseada em evidências que pode ajudá-lo a identificar e modificar padrões de pensamento e comportamento que contribuem para a insônia.

27 "Association of sleep duration with hypertension and blood pressure control: a population-based study", de Aziz M, Ali SS, Das S, Younus A, Malik R, Latif MA.Journal of the American Society of Hypertension. 2016; 10(1): 50-57.https://doi.org/10.1016/j.jash.2015.10.013.

Além disso, técnicas de relaxamento, como meditação, ioga e respiração profunda, podem ser eficazes para acalmar sua mente agitada e prepará-lo para uma noite de sono tranquila. A higiene do sono também desempenha um papel crucial, criando um ambiente propício ao descanso e estabelecendo rotinas relaxantes antes de dormir.

Ao adotar uma abordagem integrativa e focada no tratamento da insônia crônica, você pode não apenas melhorar sua saúde cardiovascular e qualidade de sono, mas também fortalecer sua capacidade de liderança e sucesso nos negócios. Lembre-se: cuidar da sua saúde do sono é investir no seu bem-estar e desempenho a longo prazo.

DESAFIO

Se você está enfrentando aquelas noites agitadas de insônia, eu tenho um desafio especial para te ajudar a relaxar e dormir como um bebê.

O desafio é simples, mas super eficaz. Vamos começar com uma técnica de respiração profunda chamada *4-4-6*. Ela vai te ajudar a acalmar a mente e preparar o corpo para uma noite de sono tranquila.

Primeiro, encontre um lugar confortável para se deitar e feche os olhos suavemente. Agora, respire lentamente pelo nariz, contando até 4 segundos enquanto inspira. Isso mesmo, bem devagarinho.

Depois de inspirar, segure o ar nos pulmões por mais 4 segundos. Não precisa se preocupar se não conseguir contar exatamente, o importante é manter um ritmo confortável.

Agora vem a parte relaxante: expire suavemente e completamente pela boca durante 6 segundos. Sinta como seus pulmões se esvaziam e todo o estresse vai embora com o ar.

Repita esse ciclo de respiração por alguns minutos, focando apenas na sua respiração e deixando seu corpo se entregar ao relaxamento.

Conforme você pratica essa técnica, preste atenção às sensações que surgem no seu corpo. Você vai perceber como ele fica mais leve, relaxado e calmo a cada respiração.

Então, está pronto para o desafio? Experimente essa técnica de respiração profunda 4-4-6 antes de dormir e prepare-se para uma noite de sono revigorante. Tenho certeza que você vai se surpreender com os resultados!

SENTE QUE SUA MEMÓRIA NÃO É MAIS A MESMA?

Enquanto você busca incessantemente pelo sucesso nos negócios, há um aliado silencioso que trabalha incansavelmente nos bastidores: o sono REM. Você já entendeu no capítulo dos estágio do sono que a fase do sono de Movimentos Rápidos dos Olhos, desempenha um papel fundamental na consolidação da memória e na saúde cardiovascular, dois pilares essenciais para sua jornada rumo à alta performance. Para entendermos melhor, vamos conhecer a história de Lucas.

A vida do obstinado empreendedor Lucas girava em torno de sua *startup* promissora. Noite após noite, Lucas se entregava ao trabalho frenético, muitas vezes sacrificando horas preciosas de sono em prol de seu negócio. Ele acreditava que a chave para o sucesso era dedicar cada minuto disponível ao trabalho, e o sono era um luxo que ele simplesmente não podia se dar ao luxo de desfrutar.

No entanto, conforme os meses se passavam, Lucas começou a notar os sinais preocupantes de esgotamento. Sua concentração estava prejudicada, ele se sentia constantemente cansado e irritado, e sua produtividade estava começando a declinar. Além disso, ele começou a experimentar sintomas físicos, como dores de cabeça frequentes e palpitações cardíacas ocasionais, que o deixavam preocupado com sua saúde.

Lucas começou a esquecer de coisas simples do dia a dia como o local que deixou as chaves do carro. Com o tempo, começou a se esquecer de alguns compromissos de sua agenda e de realizar atividades que lhe foram solicitadas. Além disso, deixou de ser criativo e aquelas tantas ideias de negócios, não apareciam mais.

Um dia, durante uma reunião crucial com potenciais investidores, Lucas percebeu que estava lutando para acompanhar a conversa e apresentar suas ideias de forma clara e coerente. Foi um momento de despertar para ele - ele percebeu que sua falta de sono estava afetando não apenas sua saúde, mas também sua capacidade de liderar sua empresa com eficácia.

Foi nesse momento que conheci Lucas. Percebi que dentre todos os pilares, o principal a ser trabalhado era o sono. Lucas se comprometeu a priorizar seu sono e adotar uma abordagem mais equilibrada para o trabalho e a vida pessoal. Ele estabeleceu uma rotina de sono consistente, desligou seus dispositivos eletrônicos pelo menos uma hora antes de dormir e criou um ambiente tranquilo e relaxante em seu quarto. Além disso, ele começou a praticar técnicas de relaxamento, como meditação e respiração profunda, para acalmar sua mente agitada antes de dormir.

À medida que as semanas passavam, Lucas começou a notar uma mudança transformadora em sua saúde e bem-estar. Ele se sentia mais alerta, enérgico e focado durante o dia, e suas dores de cabeça e palpitações cardíacas desapareceram completamente. Além disso, ele percebeu que sua capacidade de resolver problemas e tomar decisões havia melhorado significativamente, assim como sua memória, o que teve um impacto positivo em sua empresa.

Mas talvez o mais importante de tudo, Lucas descobriu que ao priorizar seu sono e encontrar um equilíbrio saudável entre trabalho e vida pessoal, ele estava mais feliz e realizado em todos os aspectos de sua vida. Sua relação com sua família e amigos melhorou, e ele encontrou tempo para hobbies e atividades que o faziam feliz fora do trabalho.

Então, como a história de Lucas se relaciona com sua produtividade e sucesso nos negócios? Bem, a qualidade do sono REM está diretamente ligada à sua capacidade de se concentrar, resolver problemas e tomar decisões informadas durante o dia. Empreendedores e empresários que desfrutam de um sono REM adequado têm uma vantagem competitiva, pois estão melhor equipados para enfrentar os desafios do mundo dos negócios com clareza mental e agilidade cognitiva.

Mas e se você estiver lutando para atingir esse precioso estágio do sono? Nós já vimos que existem estratégias que podem ajudar a melhorar a qualidade do sono REM e, consequentemente, sua saúde cardíaca e produtividade. Vamos recordá-las? Estabelecer uma rotina consistente de sono, criar um ambiente propício ao descanso, praticar técnicas de relaxamento, como meditação e respiração profunda, e limitar a exposição a dispositivos eletrônicos antes de dormir são algumas medidas que podem fazer uma grande diferença.

Portanto, não subestime o poder do sono REM em sua busca pelo sucesso. Ao honrar esse estágio crucial do sono, você fortalece não apenas sua memória e saúde cardiovascular, mas também sua capacidade de liderar, inovar e prosperar nos negócios. Lembre-se: um sono de qualidade é o alicerce sobre o qual grandes empreendedores constroem seus impérios.

À medida que encerramos este capítulo, é imperativo reforçar o papel crucial do sono na construção de uma vida equilibrada, produtiva e saudável. Para o profissional em busca de sucesso e realização, o sono não é apenas uma pausa necessária após um dia de trabalho árduo - é uma pedra fundamental para um coração forte e uma mente afiada.

Entender que o sono é muito mais do que um estado de inatividade é essencial. É durante o sono que nosso corpo se recupera, regenera e se repara. É quando nossos neurônios consolidam memórias importantes, quando nosso sistema cardiovascular encontra alívio e quando nossas células são renovadas. Negligenciar o sono é, portanto, negligenciar nossa própria saúde e capacidade de alcançar nossos objetivos.

Ao compreender a interconexão entre sono, produtividade e saúde do coração, podemos adotar medidas práticas para melhorar nossa higiene do sono. Estabelecer uma rotina consistente de horários de dormir e acordar é fundamental para regular nosso relógio biológico e promover um sono mais profundo e restaurador, mesmo aos finais de semana. Criar um ambiente propício ao sono, livre de estímulos como dispositivos eletrônicos e luz excessiva, é igualmente importante. Além disso, cultivar práticas de relaxamento, como meditação, respiração profunda ou um banho quente antes de dormir, pode ajudar a acalmar a mente e preparar o corpo para o descanso.

Mas acima de tudo, é essencial reconhecer que o sono não é um luxo, mas sim uma necessidade básica para nossa saúde e bem-estar. Priorizar o sono significa priorizar sua própria saúde cardiovascular, sua capacidade de pensar com clareza e sua eficácia como líder e empreendedor. Ao fazer do sono uma prioridade, você está investindo não apenas em seu futuro sucesso nos negócios, mas também em sua qualidade de vida e felicidade geral.

A história de Lucas é um lembrete poderoso de que o sono é uma parte essencial de uma vida equilibrada e bem-sucedida. Ao cuidarmos de nossa saúde do sono, estamos investindo em nosso próprio sucesso e felicidade, tanto no trabalho quanto na vida pessoal.

Não subestime o poder transformador de uma boa noite de sono. É o alicerce sobre o qual podemos construir nossos sonhos e alcançar nossas metas mais ambiciosas.

Uma boa noite de sono é um aliado valioso em sua jornada rumo ao sucesso. Ao cuidar do seu sono, você está cuidando do seu coração, sua mente e seu potencial ilimitado para conquistar seus objetivos mais ambiciosos.

DESAFIO

A partir de agora, comece a priorizar o seu sono. Para ajudar, preparei um material especial chamado de Diário de Sono e que se encontra no final do livro. Siga as regras do Diário. Você perceberá o quanto isso irá transformar sua rotina.

5

ATIVIDADE FÍSICA E RESISTÊNCIA CARDÍACA

No vibrante mundo dos negócios, onde o ritmo é acelerado e as demandas são constantes, encontrar tempo para cuidar de si mesmo pode parecer um luxo que poucos podem se dar. No entanto, o Capítulo 5 deste livro nos mostra que investir na nossa saúde e bem-estar é, na verdade, um dos melhores investimentos que podemos fazer, tanto para o nosso coração quanto para a nossa produtividade.

Imagine por um momento a energia pulsante de uma empresa em crescimento, onde cada decisão e ação são moldadas pela determinação e pelo empenho dos empreendedores. Agora, adicione a isso uma camada de vitalidade e vigor que vem de corações fortes e mentes afiadas, resultado de uma prática regular de atividade física.

Dentro deste capítulo, desvendamos os segredos por trás da importância da atividade física para o coração e para a produtividade. Não se trata apenas de melhorar nossa capacidade cardiovascular, mas também de impulsionar nossa energia, foco e clareza mental, transformando-nos em líderes mais eficazes e resilientes.

UMA EXPLICAÇÃO CIENTÍFICA SOBRE FISIOLOGIA DO EXERCÍCIO FÍSICO

Se você já se perguntou o que acontece com o seu corpo durante uma atividade física, eu vou te explicar.

Durante o exercício, ocorrem uns ajustes interessantes em nosso corpo para garantir que tenhamos energia suficiente, principalmente para os nossos músculos aguentarem o tranco. Veja bem, quando nos exercitamos com frequência, o nosso corpo se adapta plenamente, tanto por dentro quanto por fora, ficando mais eficiente e resistente.

Um dos primeiros sinais que o exercício dá é o aumento da frequência cardíaca. É sinal de que o coração batendo está mais rápido para dar conta do recado. E não importa se você tá só começando ou já é veterano no treino, o coração vai acelerar do mesmo jeito, acompanhando o ritmo da atividade.

Outro ponto interessante é que, com o tempo, a frequência cardíaca de quem treina cai na hora do descanso. É tipo o coração ficando mais esperto e economizando energia quando a gente não tá se movimentando muito.

Ah, e tem mais: a pressão arterial também dá uma mexida durante o exercício. Ela sobe no início da atividade, vai subindo aos poucos conforme a gente se esforça mais e, geralmente, volta ao normal quando a gente para. É o corpo se ajustando para mandar sangue e oxigênio para onde precisa.

E por falar em oxigênio, o coração tem um grande papel nessa história toda. Ele aumenta a quantidade de sangue que bombeia por minuto para garantir que a gente tenha oxigênio suficiente para os músculos trabalharem. E essa resposta do coração ao exercício depende tanto da frequência cardíaca quanto do volume de sangue bombeado a cada batida.

Resumindo, o exercício é um baita estímulo pro nosso corpo se mexer e se adaptar. E é essa adaptação que fortalece o nosso coração e nos deixa mais resistentes. Por isso, vamos continuar treinando e cuidando dessa máquina que é o nosso corpo, que ele só tem a agradecer!

Em resumo, fica evidente que uma resposta adequada ao exercício físico depende de uma ampla integração de sistemas orgânicos e que o treinamento físico provoca adaptações marcantes no sistema cardiovascular, sendo um fator determinante para se alcançar um coração forte. Então, bora se mexer e fazer esse coraçãozão trabalhar!

O IMPACTO DA ATIVIDADE FÍSICA NO SONO E NO ESTRESSE

A atividade física é uma ferramenta poderosa, comprovada pela ciência, para promover não apenas a saúde física, mas também o bem-estar mental. Estudos[28] têm demonstrado consistentemente os impactos positivos que o exercício regular pode ter no sono e no gerenciamento do estresse.

Pesquisas mostram que a prática regular de atividade física está associada a uma melhora significativa na qualidade do sono. Um estudo publicado[29] no *Journal of Clinical Sleep Medicine*, por exemplo, descobriu que indivíduos que se exercitavam regularmente tinham uma probabilidade maior de relatar um sono de boa qualidade em comparação com aqueles que eram menos ativos. Além disso, exercícios moderados a vigorosos foram associados a uma redução no tempo necessário para adormecer e a um aumento na quantidade de sono profundo.

Mas como exatamente o exercício afeta o sono? Uma das teorias é que o exercício ajuda a regular o ritmo circadiano, o relógio interno do

28 "Exercise and sleep in community-dwelling older adults: evidence for a reciprocal relationship.", de Youngstedt SD, O'Connor PJ, Dishman RK. Journal of Sleep Research. 1997; 6(3): 179-188. https://doi.org/10.1111/j.1365-2869.1997.00179.x.

29 "Physical activity and sleep quality in older adults: The cardiovascular health study.", de Youngstedt SD, Kline CE, Zielinski MR, et al. Journal of Clinical Sleep Medicine. 2008; 4(4): 349-355. https://pubmed.ncbi.nlm.nih.gov/18763426/.

corpo que controla o ciclo sono-vigília. Exercícios realizados durante o dia podem ajudar a fortalecer esse ritmo, promovendo a sonolência à noite e melhorando a qualidade do sono.

Além disso, o exercício também tem sido reconhecido como uma ferramenta eficaz no gerenciamento do estresse. Estudos[30] têm demonstrado que a atividade física pode ajudar a reduzir os níveis de cortisol, o hormônio do estresse, e aumentar a produção de endorfinas, os neurotransmissores responsáveis pela sensação de bem-estar.

Um estudo publicado[31] no *Journal of Sport and Exercise Psychology* descobriu que o exercício aeróbico de intensidade moderada a vigorosa estava associado a uma redução significativa nos sintomas de ansiedade e depressão. Além disso, exercícios como o yoga e o tai chi, que incorporam técnicas de respiração e relaxamento, têm sido especialmente eficazes na redução do estresse.

Agora, vamos conhecer a história de Carlos, um empresário bem-sucedido de cerca de 50 anos, proprietário de várias empresas. Ele estava lutando para conciliar o estresse do trabalho com uma boa noite de sono. Depois de ler sobre os benefícios do exercício, Carlos decidiu fazer uma mudança em sua rotina. Ele começou a dedicar pelo menos 30 minutos por dia a atividades físicas, como corrida ou natação.

Com o tempo, Carlos notou uma melhora significativa em sua qualidade de sono. Ele estava adormecendo mais facilmente e acordando mais revigorado pela manhã. Além disso, ele percebeu que, ao se exercitar regularmente, conseguia lidar melhor com o estresse do

---

30 "Effects of physical exercise on anxiety, depression, and sensitivity to stress: a unifying theory.", de Salmon P. Clinical Psychology Review. 2001; 21(1): 33-61. https://www.sciencedirect.com/science/article/abs/pii/S027273580000021X.

31 "Effects of aerobic exercise on anxiety sensitivity.", de Smits JAJ, Berry AC, Rosenfield D, Powers MB, Behar E, Otto MW. Journal of Sport and Exercise Psychology. 2008; 30(3): 259-273. https://journals.humankinetics.com/view/journals/jsep/30/3/article-p259.xml.

trabalho. As pressões do dia a dia pareciam menos avassaladoras, e ele conseguia manter uma mente mais calma e focada.

Portanto, fica claro que o exercício regular não só pode melhorar a qualidade do sono, mas também pode ser uma ferramenta valiosa no combate ao estresse. Incorporar atividades físicas à sua rotina diária pode ajudá-lo a alcançar uma sensação de bem-estar geral e a enfrentar os desafios da vida com mais tranquilidade e resiliência.

POSSO TREINAR DURANTE A NOITE?

Aqui vale um ponto de atenção. Sei que muitas vezes, por conta do trabalho e das atividades durante o dia, é comum as pessoas só terem disponibilidade para treinar à noite. Inclusive, é justamente por isso, que é comum ver academias que fecham às 23h ou à meia-noite, sem contar das que ficam abertas 24h para que você possa treinar a qualquer momento do dia.

No entanto, por mais importante que seja o exercício físico, se você tem dificuldade para dormir ou sofre de insônia, é altamente recomendável que evite fazer exercícios físicos tarde da noite ou, pelo menos, após às 20h. Por que? Porque se praticarmos atividade física muito perto da hora que deveríamos começar a nos preparar para dormir, acabaremos gerando o deslocamento do pico de cortisol e isso tornará mais difícil o relaxamento do corpo para o sono.

O cortisol é um hormônio do estresse produzido pelas nossas glândulas suprarrenais e, durante o dia, os seus níveis são mais altos para ajudar a regular nosso metabolismo e resposta ao estresse. Quando a gente se exercita, esses níveis aumentam pra dar uma força pro corpo, entende? Só que, quando praticamos um treino pesado à noite, esse mesmo cortisol pode nos atrapalhar a pegar no sono.

Mas não é só isso! Tem também a adrenalina, que é outro hormônio que sobe quando a gente se exercita, especialmente em treinos mais intensos. Esse hormônio está ligado à resposta de luta ou fuga, deixando-nos mais alertas e despertos, igualmente dificultando o corpo relaxar o suficiente para pegar no sono.

Além disso, precisamos falar da melatonina, um hormônio que regula nosso ciclo sono-vigília. A luz do dia inibe a produção de melatonina, enquanto a escuridão à noite estimula sua liberação, ajudando-nos a pegar no sono. O problema é que o exercício vigoroso à noite pode atrapalhar a produção de melatonina, pois ele pode aumentar a temperatura do corpo e atrasar a produção desse hormônio, dificultando ainda mais a chegada do sono.

E, por último, mas não menos importante, não podemos desconsiderar justamente essa temperatura do corpo. Durante a noite, nosso corpo começa a esfriar para se preparar para o sono. No entanto, um exercício intenso pode atrasar esse processo, o que dificulta a gente relaxar e dormir.

Portanto, fazer exercícios intensos à noite pode interferir nos níveis hormonais do corpo, tornando mais difícil relaxar e adormecer. É recomendável evitar atividades físicas vigorosas algumas horas antes de dormir para permitir que o corpo se acalme e se prepare naturalmente para o sono. Em vez disso, exercícios mais leves e relaxantes, como ioga ou caminhada, podem ser mais benéficos para promover um sono de qualidade.

Então, fique atento e faça um esforço para adequar sua rotina diária: se quiser garantir um sono de qualidade, evite treinos muito intensos à noite. Assim, você ajuda o seu corpo a relaxar e garante um descanso merecido!

EXERCÍCIOS EFICAZES PARA UM CORAÇÃO FORTE

Vamos falar sobre aqueles exercícios que fazem o coração bater mais forte - no bom sentido! A ciência nos mostra que alguns tipos de atividades físicas são particularmente benéficas para a saúde do coração e podem até mesmo impulsionar nossa performance profissional.

Estamos falando de exercícios aeróbicos, como corrida, natação, ciclismo e dança. Essas atividades fazem com que nosso coração trabalhe mais, aumentando nossa frequência cardíaca e fortalecendo o músculo cardíaco. E o melhor de tudo? Eles não só ajudam a manter nosso coração em forma, mas também melhoram nossa resistência, energia e concentração - ingredientes essenciais para um dia de trabalho produtivo.

Exercícios Resistidos (de força) como a musculação também são importantes. O ideal é a associação de um resistido aeróbio com um exercício resistido.

Se você está começando, não se preocupe - pequenas mudanças podem trazer grandes benefícios. Comece com caminhadas rápidas, passeios de bicicleta leves ou até mesmo subir escadas em vez de pegar o elevador. À medida que sua resistência aumenta, você pode progredir para atividades mais intensas.

Mas lembre-se, sempre é importante consultar um profissional de saúde antes de iniciar qualquer programa de exercícios, especialmente se você tiver condições médicas pré-existentes. Um médico ou um treinador pessoal podem ajudá-lo a desenvolver um plano de exercícios adequado às suas necessidades e objetivos, garantindo que você faça atividades seguras e eficazes.

Então, que tal começar hoje mesmo? Dê um impulso ao seu coração, fortaleça sua saúde e impulsione sua performance profissional com exercícios eficazes e orientação especializada. Seu coração (e sua carreira) agradecerão!

QUAL O TEMPO IDEAL DE EXERCÍCIO?

Não estamos falando que você precisa passar duas horas na academia todos os dias da semana. Nada disso. Não estamos à procura do "*shape*" perfeito. Pelo contrário, queremos saber qual é o mínimo necessário para se ter saúde e um alto rendimento no trabalho. Buscamos saúde e alta performance, a melhora estética será uma consequência desse processo.

O recomendado pela Organização Mundial de Saúde são pelo menos 150 minutos de atividade física aeróbica de intensidade moderada ao longo da semana, divididos em pelo menos três dias da semana. Isso significa menos de uma hora (50 minutos) 3x na semana ou ainda meia hora (30 minutos) por 5 dias na semana. Outra possibilidade é realizarmos 75 minutos de atividade física aeróbica de intensidade vigorosa ao longo da semana, o que corresponde a 25 minutos 3x na semana ou ainda 15 minutos por 5 dias na semana.

Mas atenção: não basta realizar esse tempo apenas em um único dia da semana para "matar tudo de uma vez". Não pode ficar parado a semana inteira e resolver jogar bola por duas horas e meia ao domingo. A frequência também é importante. Precisa ser, obrigatoriamente, ao menos três vezes por semana.

Lembrando, que essa é a menor quantidade necessária que cientificamente se foi comprovada a redução de desfechos clínicos cardiovasculares a longo prazo. Portanto, a sua frequência vai dessa quantidade até a quantidade que lhe for conveniente em relação a sua gestão de tempo.

Para isso, primeiramente precisamos entender o que seria uma atividade física moderada intensidade e uma atividade física de forte intensidade. Inicialmente, vamos partir do ponto de vista subjetivo. Vamos classificar a intensidade em uma escala de 0 a 10, onde 0 é nenhum esforço e 10 é esforço máximo, uma atividade moderada geralmente seria classificada como uma intensidade percebida de cerca de 5-6, enquanto uma atividade vigorosa seria classificada como uma intensidade percebida de 7-8 ou mais. Outra maneira é avaliarmos a capacidade de conversar durante o exercício. Uma atividade moderada seria aquela em que você consegue manter um ritmo constante, mas consegue continuar conversando, enquanto uma atividade vigorosa seria aquela em que você precisa se esforçar muito e não conseguiria manter uma conversa.

Outra maneira de avaliarmos é através da frequência cardíaca. Para atividade aeróbica moderada, a frequência cardíaca deve estar em torno de 60-70% da sua frequência cardíaca máxima. Para atividade vigorosa, a frequência cardíaca deve estar em torno de 70-85% da frequência cardíaca máxima. Vamos entender melhor.

MONITORAMENTO DA FREQUÊNCIA CARDÍACA DURANTE O EXERCÍCIO FÍSICO

Apenas fazer o exercício de qualquer maneira funciona? Não. Acabamos de ver que precisa ter uma intensidade correta. Nenhuma vez você leu que se deve realizar exercícios de baixa intensidade. Portanto, aquela caminhadinha de ir até o mercado e voltar, ou ainda uma caminhada que você para para a cumprimentar as pessoas é considerada uma boa atividade física para conquistar um coração forte? Claro que não.

Precisa realizar atividade física de moderada ou alta intensidade. E a melhor maneira de medirmos isso é através da FC (Frequência Cardíaca). Sempre iremos nos basear em uma faixa de treino específica e, para tal, nos embasamos na FC máxima. A fórmula geral para estimar a frequência cardíaca máxima é 220 menos a sua idade. Vamos definir uma faixa de treino de 70% a 85% da FC máxima,

Por exemplo, uma pessoa que tem 45 anos. Sua FC máxima é igual:

220- 45 = 175

A faixa de treino será: 0,7x175= 122 bpm a 0,85x175= 149 bpm

Agora, vamos calcular qual é a sua faixa de treino :

FC máxima : 220 - ______ (idade) = ______ bpm

Faixa de Treino Moderado:: 0,6 x ____ = _____ e 0,7 x _____ = _____

Faixa de Treino Intenso:: 0,7 x ____ = _____ e 0,85 x _____ = _____

Para ajudar, também trouxemos uma tabela para ficar mais fácil o entendimento:

Idade	F. C. Máxima	Fat Burning zone (60% a 75% da F. C. Max.)	Cardio Training zone (75% a 85%)
20	200	120 - 150	150 - 170
25	195	117 - 146	146 - 166
30	190	114 - 142	142 - 162
35	185	111 - 138	138 - 157
40	180	108 - 135	135 - 153
45	175	105 - 131	131 - 149
50	170	102 - 127	127 - 145
55	165	99 - 123	123 - 140
60	160	96 - 120	120 - 136
65	155	93 - 116	116 - 132
70	150	90 - 112	112 - 127
75	145	87 - 108	108 - 125
80	140	84 - 105	105 - 119

É claro que existe uma maneira mais precisa para definirmos a melhor faixa de treino para cada indivíduo. Isso é realizado através de um exame ergoespirométrico. Porém, para tal, é necessário a avaliação de um médico. Caso você tenha a oportunidade de realizar esse exame, os resultados obtidos podem ser ainda melhores.

COMO ESCOLHER O MELHOR LOCAL PARA PRATICAR EXERCÍCIO FÍSICO?

Quando se trata de escolher o melhor local para praticar exercícios físicos, é importante considerar alguns fatores importantes. Primeiramente, estudos científicos[32] têm mostrado que o contato com a natureza pode trazer diversos benefícios para a saúde. Por isso, optar por ***locais ao ar livre***, como parques com muita área verde, pode ser uma excelente escolha.

Além disso, se estamos pensando em ***networking***, é interessante buscar lugares frequentados por pessoas influentes, como academias de alto padrão ou clubes exclusivos. Atividades como tênis ou *beach tennis*, que geralmente demandam um certo investimento em equipamentos e podem ser praticados com parceiros estratégicos, também podem proporcionar oportunidades de conexões importantes. Por exemplo, é comum ouvir histórias de empresários que fecharam grandes negócios após conhecerem parceiros de negócios em uma academia ou clube.

Outro aspecto a se considerar é a ***gestão do tempo***. Optar por um local próximo de casa ou que faça parte da sua rota diária pode ajudar a economizar tempo de deslocamento. Isso é especialmente importante para quem tem uma agenda corrida e não quer perder tempo extra se locomovendo até a academia. Para os mais disciplinados, a academia do prédio ou exercícios em casa podem ser opções viáveis, mas é preciso ter em mente que, para muitas pessoas, praticar exercícios em casa pode ser mais difícil devido às distrações e tentações do

32 "A review of nature-based interventions for mental health care.", de Marselle MR, Irvine KN, Warber SL. Natural Health Service. 2014; 1: 1-22. https://naturalhealthservice.files.wordpress.com/2014/05/a-review-of-nature-based-interventions-for-mental-health-care.pdf.

ambiente doméstico. Portanto, para evitar a procrastinação, pode ser mais eficaz buscar um local fora de casa para se exercitar. Algo para contornar isso pode ser contratar um *personal trainer* para planejar seu treino e acompanhar a sua execução, dessa maneira você se "compromete" com o profissional e isso diminui as chances do seu "sabotador" entrar em ação.

Sendo assim, você pode unir a necessidade da prática de atividade física com o ambiente que mais se alinha a seus objetivos pessoais e profissionais, buscando otimizar cada vez mais o seu tempo e os seus resultados.

COMO ESCOLHER O MELHOR EXERCÍCIO PARA MIM?

Esse é o grande segredo de um bom **Plano de Acompanhamento**. Não é porque o João se dá bem com a corrida que o José também vai gostar.

A primeira pergunta a se fazer é: *Qual atividade física mais gosto de fazer?* Se não gostar de nenhuma, pelo menos qual é a atividade física que você tem maior *facilidade* em fazer?

Conheça o Seu Ronaldo. Ele tem obesidade. 175cm com 120Kg. Seu Ronaldo fazia acompanhamento com outro profissional que sempre lhe falava o seguinte: *Você precisa parar de comer e perder peso. Precisa entrar em uma academia.* E, assim, foram mais de dois anos sem ter qualquer resultado nesse sentido.

Quando Seu Ronaldo me procurou, consegui ter a sensibilidade de entender que ele não gostava de ir à academia. Ele não se sentia pertencente àquele ambiente de "marombeiros", quase sempre cheio e com música alta. Ele se sentia envergonhado em relação à maneira como executava os exercícios e à carga que utilizava. Ao entendermos isso, mudamos a atividade física para que ele pudesse praticar natação na piscina do prédio em que morava duas vezes por semana e uma caminhada em volta da praça em frente à sua residência com a filha por, pelo menos, três por semana.

Após realizar essas pequenas mudanças, Seu Ronaldo conquistou, para sua própria surpresa, a perda de 15 quilos em três meses. Ele é um case de sucesso que nos mostra que entender a realidade de cada um é uma etapa fundamental do processo. Não existe receita de bolo para todos. Não é só academia ou corrida que funciona.

Já a Viviane tinha muita dificuldade em manter a atividade física. Ela achava tudo entediante. Correr sozinha, malhar sozinha. Ela precisava de conexão com pessoas. Para ela, a atividade física ideal era a prática de esportes coletivos. E foi assim que Viviane começou a praticar vôlei duas vezes por semana e *beach tennis* em outros dois dias.

Ou seja, a prática do esporte também está incluída aqui em nossa atividade física e pode ser uma excelente opção para você, desde que não seja exclusivamente " o futebol da quarta-feira", pois, como já vimos, precisamos de uma frequência maior.

Portanto, o melhor exercício é aquele que você melhor se adapta dentro dessas variáveis. A seguir temos um guia que pode ajudá-lo a escolher a atividade física mais adequada ao seu perfil e rotina:

1. *Preciso marcar minha frequência cardíaca. Como vou fazer isso? Eu tenho algum aparelho eletrônico para me auxiliar nisso?* Se sim, você tem mais opções. Caso não tenha, os aparelhos ergométricos com esteiras e bicicletas são equipados com dispositivos de sensores para avaliar a FC durante o treino. Pode também ser uma boa alternativa.
2. *O que eu mais gosto de fazer? Esportes coletivos? Esportes individuais? Quais eu mais me identifico?* Responder a essas perguntas irá fazer você elencar as práticas esportivas que mais tenham a ver com você, possibilitando também eliminar aquelas que não combinam tanto com você.
3. *Qual o horário que vou realizar? Qual atividade consigo adequar dentro do meu dia para conseguir manter essa atividade como uma rotina e realizá-la sempre no mesmo horário, preferencialmente pela manhã?* Assim você conseguirá organizar e programar a sua atividade física e cumpri-la igualmente como qualquer outro importante compromisso do seu dia.
4. *Onde vou realizar essa atividade? É um local próximo ou que já esteja no meu caminho para evitar que eu me sabote e também otimize meu tempo?* Escolha um local perto da sua casa ou que fique a caminho do seu trabalho a fim de evitar deslocamentos adicionais e que isso vire uma desculpa para não praticar a atividade física mais para frente. Tente ser o mais prático possível, assim será mais fácil cumprir sua agenda de exercícios físicos, trabalho e vida pessoal.

DESAFIO

Após ter calculado a sua FC de treino, você vai comprar ou pegar um relógio digital inteligente (*smartwatch*) emprestado de alguém para sempre acompanhar a FC do seu treino.

Depois de ter realizado o passo-a-passo da definição do melhor exercício, você vai escolher três possíveis atividades físicas a serem realizadas. Ao longo desta semana, experimente cada uma das três atividades para descobrir, na prática, qual a que melhor se adequa a você e aquela com que você mais se identifica.

Por exemplo, se você escolheu nadar, correr e jogar tênis, agende uma aula experimental para cada uma dessas modalidades.

Se, no entanto, escolheu musculação, ciclismo e pilates, também procure onde essas atividades são oferecidas em sua em sua região e se proponha a, pelo menos, experimentar pelo menos uma delas ainda esta semana. Depois de experimentar as três atividades, você estará pronto para escolher aquela que fará com mais tempo e com mais frequência.

INTEGRANDO O TREINAMENTO FÍSICO NA AGENDA OCUPADA DO EMPREENDEDOR

Ah, a vida de um empreendedor é uma verdadeira maratona, não é mesmo? Com tantas demandas, compromissos e prazos, pode parecer impossível encontrar tempo para se exercitar. Mas acredite, integrar o treinamento físico na sua agenda ocupada é mais do que possível - é essencial para o seu sucesso pessoal e profissional.

Vamos encarar os fatos: a atividade física não é um luxo, é uma necessidade. Estudos científicos[33] têm mostrado consistentemente os benefícios do exercício regular para a saúde física e mental. Ele não apenas fortalece o coração, melhora a circulação sanguínea e aumenta a energia, mas também reduz o estresse, melhora o humor e aumenta a concentração.

Então, como encontrar tempo para se exercitar em meio a um cronograma lotado? A chave está na priorização e na organização. Reserve um tempinho do seu dia - pode ser pela manhã, na hora do almoço ou à noite - e transforme-o em um momento sagrado dedicado ao seu bem-estar físico. Seja consistente e comprometido, assim como você é com seus negócios.

Agora, algumas dicas práticas para ajudá-lo a integrar o treinamento físico na sua rotina agitada:

- Agende seus treinos como compromissos inegociáveis na sua agenda. Trate-os com a mesma importância que você dá a uma reunião importante.
- Opte por exercícios que possam ser feitos em qualquer lugar e a qualquer momento, como corrida, caminhada, ioga ou treinos em casa. Flexibilidade é a chave!
- Envolva-se em atividades físicas que você realmente goste. Se você se diverte, será mais fácil se comprometer e manter a consistência.

---

33 "Exercise and mental health: a review of the literature.", de Wipfli BM, Rethorst CD, Landers DM. Current Sports Medicine Reports. 2008 Jul;7(3): 214-219. https://journals.lww.com/acsm-csmr/Fulltext/2008/07000/Exercise_and_Mental_Health__A_Review_of_the.13.aspx.

- Divida seus treinos em sessões mais curtas, se necessário. Mesmo 20 ou 30 minutos de exercício podem fazer uma grande diferença na sua saúde e bem-estar.
- Ande sempre preparado com o material necessário para realizar sua atividade física. Assim, você consegue encaixar o exercícios mesmo durante alguns imprevistos ao longo do dia.

Lembre-se sempre: sua saúde é sua maior riqueza. Não adie mais, comece hoje mesmo a fazer do exercício físico uma prioridade em sua vida. Você vai se surpreender com os resultados - tanto na sua saúde quanto nos seus negócios.

Jonas era um empresário sempre ocupado, que costumava dizer que não tinha tempo para atividade física. Ele estava constantemente correndo de reunião para reunião, lidando com prazos apertados e demandas infindáveis. Mas um dia, tudo mudou. Jonas sofreu um infarto e quase perdeu a vida. Foi um susto que o fez repensar suas prioridades.

Após se recuperar, Jonas percebeu que não podia mais ignorar sua saúde. Ele decidiu que era hora de fazer uma mudança drástica em sua vida. Comprometeu-se a incluir a atividade física em sua rotina diária, não como uma opção, mas como uma obrigação. No início, foi difícil - ele teve que reorganizar sua agenda e abrir mão de algumas horas de trabalho. Mas conforme ele se acostumava com o novo hábito, algo incrível aconteceu.

Jonas descobriu que não só era capaz de se exercitar regularmente, mas também começou a gostar disso. Ele se sentia mais enérgico, focado e produtivo ao longo do dia. E então, algo surpreendente aconteceu: ele decidiu se desafiar ainda mais. Impulsionado pela sua nova paixão pelo exercício físico, Jonas decidiu se tornar um maratonista. Ele treinou duro, superou obstáculos e, eventualmente, cruzou a linha de chegada de sua primeira maratona. Foi uma vitória não apenas na pista de corrida, mas também na sua jornada pessoal de transformação e autodescoberta.

A história de Jonas nos lembra que nunca é tarde para fazer mudanças positivas em nossas vidas. Mesmo diante das pressões e exigências do mundo empresarial, a atividade física não deve ser negligenciada. Ela não apenas fortalece nosso corpo, mas também alimenta nossa mente e alma. Portanto, reserve um tempo para cuidar de si mesmo. Seja como Jonas , transforme a atividade física em uma prioridade e quem sabe você também não descubra uma nova paixão ao longo do caminho.

DESAFIO

Sugiro a você que compre uma mochila exclusivamente para suas atividades físicas ou, caso já tenha alguma disponível em casa, separe-a e coloque nela um par extra de roupas e calçados e materiais necessários para realizar a atividade física que irá se dispor a fazer.

Tenha sempre essa mochila sempre em seu banco de trás do carro ou no porta-malas. assim, em qualquer oportunidade ou imprevisto que aparecer ao longo do seu dia, você estará preparado para realizar a sua atividade física na primeira oportunidade que tiver, mesmo que tenha ficado fora do seu planejamento inicial. Se não der para fazer, por exemplo, antes de ir para o trabalho, estará pronto para ir logo após seu expediente laboral. Assim, você evitará ter de voltar para casa para pegar seu material de treino e não será tentado a não sair mais de casa se a "preguiça bater". Dessa forma, você estará se desviando de qualquer tipo de autossabotagem.

CAPÍTULO 6

EQUILÍBRIO MENTAL E EMOCIONAL

Marcos, um empreendedor dinâmico à frente de uma startup tecnológica promissora, encontrou-se subitamente navegando por águas turbulentas. Sua jornada, até então marcada por uma sequência de sucessos e inovações, começou a sofrer sob o peso de expectativas irreais e uma carga de trabalho insustentável. O que inicialmente se manifestava como noites mal dormidas e irritabilidade esporádica, gradualmente se transformou em um vendaval de depressão e ansiedade.

Marcos não era estranho ao estresse; de fato, ele considerava-o um componente inevitável do caminho para o sucesso. No entanto, o que começou como uma série de preocupações gerenciáveis evoluiu para uma ansiedade paralisante, afetando sua capacidade de tomar decisões, manter o foco e liderar sua equipe com confiança. Sua energia e paixão, outrora inesgotáveis, foram minadas por um sentimento persistente de desesperança e um cansaço que nenhum número de horas de sono parecia aliviar.

À medida que sua saúde mental declinava, Marcos começou a notar sintomas físicos alarmantes. Sua frequência cardíaca disparava em momentos de pânico, uma sensação de pressão no peito o acompanhava durante as reuniões, e episódios de tontura se tornaram comuns. Além disso, Marcos estava cada vez mais explosivo. Ele que sempre teve um temperamento mais calmo, em um dia, no jantar com a família, se irritou com algo simples que sua filha disse, e bateu na mesa. A menina ficou muito assustada. O incidente acabou marcando Marcos e, com medo de ocorrer novamente e de perder a admiração de sua filha, ele percebeu que algo estava errado e resolveu procurar aconselhamento médico.

Os exames revelaram uma realidade chocante, mas esclarecedora: embora sua saúde cardíaca estivesse relativamente intacta, com todos exames cardiológicos normais, os sintomas físicos eram manifestações diretas de seu estado psicológico. O médico explicou a Marcos a intrincada relação entre estresse, ansiedade, depressão e saúde cardiovascular. Estudos[34] indicam que indivíduos com altos níveis de ansiedade e depressão apresentam um risco significativamente maior de desenvolver doenças cardíacas. A ansiedade crônica, em particular, pode levar a um aumento da pressão arterial e frequência cardíaca, ambos fatores de risco para condições cardíacas.

A intrincada relação entre saúde mental e saúde cardiovascular é um campo de intensa pesquisa e debate na medicina moderna. Empresários e empreendedores, imersos em um ambiente de estresse contínuo, encontram-se particularmente vulneráveis às implicações dessa conexão. Este capítulo busca desvendar essa relação, apoiado por uma vasta revisão de estudos científicos, oferecendo uma perspectiva abrangente sobre como a saúde mental afeta o coração e vice-versa, além de estratégias eficazes para promover a saúde integral.

A DUALIDADE ESTRESSE-ANSIEDADE E O CORAÇÃO

No coração desta discussão está o fato de que o estresse e a ansiedade não são meramente estados mentais perturbadores, mas sim condições que desencadeiam uma cascata de reações físicas no corpo. Quando Marcos começou a experienciar sintomas como palpitações, aumento da frequência cardíaca, pressão no peito e tonturas, ele enfrentou a realidade tangível dessa conexão. Esses sintomas são

34 "Depression and risk of coronary heart disease: a meta-analysis of prospective cohort studies.", de Gan Y, Gong Y, Tong X, Sun H, Cong Y, Dong X, Wang Y, Xu X, Yin X, Deng J, Li L, Cao S, Lu Z. BMC Psychiatry. 2014;14:371. https://bmcpsychiatry.biomedcentral.com/articles/10.1186/s12888-014-0371-z.

reflexos diretos da resposta do corpo ao estresse, que ativa o sistema nervoso simpático, liberando adrenalina e cortisol, e preparando o corpo para a ação. No entanto, quando essa resposta é cronicamente ativada sem alívio ou descanso, como no caso de Marcos, ela pode levar a um desgaste significativo do sistema cardiovascular.

Pesquisas têm consistentemente apontado para a relação entre transtornos de ansiedade e riscos aumentados de doenças cardíacas. Por exemplo, uma revisão sistemática publicada na "Psychosomatic Medicine" ressalta que indivíduos com transtorno de ansiedade generalizada apresentam um risco maior de desenvolver doença coronariana. O estresse crônico e a ansiedade agem sobre o coração de maneiras multifacetadas, aumentando a pressão arterial, causando inflamação e até mesmo alterando o ritmo cardíaco, o que pode predispor a eventos cardíacos adversos.

Estudos recentes têm destacado a ansiedade e o estresse crônico como fatores de risco significativos para doenças cardiovasculares. Segundo Kubzansky e Kawachi no "*Journal of the American College of Cardiology*" (2017)[35], indivíduos com altos níveis de ansiedade apresentam uma probabilidade 48% maior de desenvolver doença cardíaca coronariana. Esse impacto é atribuído ao aumento da pressão arterial, frequência cardíaca e a uma propensão à inflamação, fatores que, combinados, desgastam o sistema cardiovascular.

A história de Marcos, um empresário determinado cuja jornada rumo ao sucesso foi abruptamente desviada pela tempestade da depressão e ansiedade, ilustra vividamente a complexa relação entre a saúde mental e a saúde cardiovascular. Esta dualidade, embora muitas vezes subestimada, desempenha um papel crítico na determinação do bem-estar geral e da capacidade de um indivíduo de manter

35 "Anxiety and Cardiovascular Disease: Mechanistic Links.", de Kubzansky LD, Kawachi I. Journal of the American College of Cardiology. 2017; 70(7): 837-848. https://www.sciencedirect.com/science/article/abs/pii/S0735109717387400.

uma performance elevada em todas as áreas da vida, especialmente em ambientes de alta pressão como o empresarial.

Na jornada de Marcos para reconquistar sua saúde e fortalecer seu coração, ele teve que adotar uma abordagem holística. Compreender a natureza interligada de sua saúde mental e física foi o primeiro passo. Ao se engajar em terapias focadas em reduzir sua ansiedade e depressão, Marcos não apenas começou a se sentir mentalmente mais estável, mas também notou melhorias em seus sintomas cardíacos. Esse processo de cura enfatizou a importância de tratar o corpo e a mente como um sistema integrado, onde a saúde de um influencia diretamente a saúde do outro.

IMPLICAÇÕES DOS MEDICAMENTOS PSIQUIÁTRICOS NA SAÚDE CARDIOVASCULAR

A interação entre medicamentos psiquiátricos e a saúde cardiovascular constitui um campo de estudo crucial na medicina contemporânea, especialmente considerando a prevalência de prescrições de antidepressivos, ansiolíticos, e outros medicamentos para transtornos mentais. Essa área de interesse não apenas reflete a crescente compreensão da conexão mente-corpo, mas também destaca a importância de abordagens terapêuticas cuidadosas que considerem os efeitos sistêmicos dos medicamentos.

Dentre os medicamentos psiquiátricos, os antidepressivos merecem uma atenção particular devido ao seu amplo uso. Estudos têm mostrado que certos antidepressivos, especialmente os da classe dos inibidores seletivos da recaptação de serotonina (ISRS), podem ter um impacto benéfico na saúde cardiovascular ao reduzir o risco de eventos cardíacos em pacientes com depressão maior. Uma revisão sistemática publicada no *"Journal of the American Heart Association"* (2018)[36] concluiu que o uso de ISRS foi associado a uma redução do risco de infarto do miocárdio em comparação com a não utilização de antidepressivos. No entanto, essa observação beneficente não é universalmente aplicável a todos os medicamentos psiquiátricos.

Por outro lado, antidepressivos tricíclicos (ADTs) têm sido associados a efeitos adversos no sistema cardiovascular. De acordo com um estudo no *"British Journal of Clinical Pharmacology"* (2016)[37], ADTs podem contribuir para o prolongamento do intervalo QT no eletrocardiograma, um indicador de potencial risco de arritmias cardíacas graves. Além disso, esses medicamentos podem induzir hipotensão ortostática e aumentar a pressão arterial, especialmente em doses mais altas.

Antipsicóticos, outra classe de medicamentos psiquiátricos frequentemente utilizados, também apresentam riscos cardiovasculares. Medicamentos antipsicóticos, especialmente os de segunda geração ou atípicos, têm sido associados a um aumento no peso corporal, dislipidemia, e resistência à insulina, todos fatores de risco conhecidos para doenças cardiovasculares. Um estudo publicado no *"Archives of General Psychiatry"* (2005)[38] indicou que pacientes tratados com

---

36 "Selective Serotonin Reuptake Inhibitors and Myocardial Infarction: A Systematic Review and Meta-Analysis.", de Mehta S, Goyal A, Gupta M, DiNicolantonio JJ, Chatterjee S, Ouyang P, Virani SS. Journal of the American Heart Association. 2018; 7(15): e009330. https://www.ahajournals.org/doi/10.1161/JAHA.118.009330.

37 "Antidepressant use and risk of adverse outcomes in people aged 20-64 years: cohort study using a primary care database", de Coupland C, Hill T, Morriss R, Moore M, Arthur A, Hippisley-Cox J. British Journal of Clinical Pharmacology. 2016; 82(2): 575-584. https://bpspubs.onlinelibrary.wiley.com/doi/full/10.1111/bcp.12956.

38 "Effect of antipsychotic medication on glucose and lipid levels", de Meyer JM, Koro CE. Archives of General Psychiatry. 2005; 62(1): 19-28. https://jamanetwork.com/journals/jamapsychiatry/fullarticle/209779.

antipsicóticos atípicos apresentaram um aumento significativo nos marcadores de risco metabólico.

Além disso, a relação entre medicamentos para o tratamento de transtornos do humor, como o lítio, e a saúde cardiovascular não pode ser ignorada. O lítio, um estabilizador de humor usado no tratamento do transtorno bipolar, pode afetar a função tireoidiana e renal, com potenciais repercussões na saúde cardiovascular.

Diante desses desafios, a abordagem terapêutica para pacientes com transtornos mentais que requerem medicação deve ser cuidadosamente considerada. A escolha do medicamento adequado exige uma avaliação abrangente dos riscos e benefícios, levando em conta tanto a saúde mental quanto a cardiovascular do paciente. Isso implica em uma colaboração estreita entre psiquiatras e cardiologistas para desenvolver regimes de tratamento que otimizem a saúde mental sem comprometer a saúde cardiovascular.

A história de Marcos e sua jornada em busca de um "Coração Forte" ilustra a importância desse equilíbrio delicado. Sua experiência destaca a necessidade de uma comunicação clara e eficaz entre pacientes e profissionais de saúde, bem como a necessidade de monitoramento contínuo e ajustes terapêuticos conforme necessário.

Em suma, enquanto os medicamentos psiquiátricos desempenham um papel vital no tratamento de transtornos mentais, sua seleção e gestão exigem uma consideração cuidadosa dos efeitos potenciais na saúde cardiovascular. A busca por terapias que harmonizem a saúde mental e cardiovascular é um passo crucial em direção a um tratamento mais holístico e eficaz, promovendo não apenas um coração fisicamente forte, mas um bem-estar mental resiliente. A interdisciplinaridade na medicina se mostra, portanto, não apenas como uma abordagem inovadora, mas como uma necessidade emergente, onde o tratamento de um aspecto da saúde não pode ser isolado do outro.

Esse modelo de cuidado integrado vai além da simples colaboração entre psiquiatras e cardiologistas. Ela engloba uma equipe multidisciplinar incluindo nutricionistas, educadores físicos, e terapeutas ocupacionais, todos contribuindo com sua expertise para um plano de cuidado coeso que endereça tanto a saúde mental quanto a saúde cardiovascular. Esse modelo de cuidado integrado não só otimiza os resultados do tratamento, mas também empodera os pacientes a tomar um papel ativo em sua jornada de saúde, equipando-os com as ferramentas necessárias para gerenciar ambos os aspectos de sua saúde de maneira eficaz.

Para pacientes como Marcos, a educação sobre os efeitos colaterais potenciais de seus medicamentos e as maneiras de mitigar esses riscos é vital. Estratégias como monitoramento regular da pressão arterial e dos níveis lipídicos, manutenção de um peso saudável, e a prática regular de atividades físicas não apenas reduzem o risco cardiovascular, mas também promovem uma melhoria na saúde mental. A inclusão de técnicas de manejo de estresse, como meditação e mindfulness, complementa o tratamento medicamentoso, oferecendo uma abordagem holística ao bem-estar.

Neste contexto, a história de Marcos serve como um poderoso lembrete da interconexão entre mente e coração. Sua jornada de volta à saúde não foi apenas uma questão de tratar sua depressão e ansiedade com medicamentos, mas também de adotar um estilo de vida que suportasse tanto sua saúde mental quanto cardiovascular. Sua experiência sublinha a importância de um tratamento cuidadosamente orquestrado que considera o paciente como um todo, reconhecendo as complexas interações entre diferentes aspectos da saúde.

À medida que avançamos na compreensão da medicina e da complexidade do ser humano, torna-se cada vez mais claro que a saúde não é meramente a ausência de doença, mas um estado de completo bem-estar físico, mental, e social. A abordagem integrada adotada no caso de Marcos não é apenas um modelo para o tratamento de indivíduos com condições similares, mas um paradigma para a prática médica no século XXI. Este modelo reconhece que, para alcançar um "Coração Forte" e uma mente resiliente, devemos olhar além dos sintomas isolados e tratar o paciente em sua totalidade.

DESAFIO

Não sei se você já ouviu falar de *Mindfulness*, ou atenção plena, mas se trata de uma prática de estar consciente e presente no momento presente, sem julgamentos. Envolve direcionar a atenção para as sensações físicas, pensamentos e emoções que surgem no momento presente, sem se deixar levar por distrações do passado ou preocupações com o futuro.

Recomendo a você experimentar incorporar a técnica de *Mindfulness* em uma atividade cotidiana, como por exemplo, ao se alimentar durante uma refeição. Aqui está um passo a passo para realizar essa prática:

1- Escolha uma refeição específica para aplicar essa técnica. Pode ser o café da manhã, almoço ou jantar. Opte por uma refeição em que você possa se concentrar e comer sem distrações.

2- Antes de iniciar a refeição, reserve um momento para se sentar confortavelmente à mesa. Feche os olhos por alguns instantes e concentre-se na sua respiração. Sinta o ar entrando e saindo do seu corpo, permitindo-se relaxar e conectar-se com o momento presente.

3- Abra os olhos e direcione sua atenção para a comida à sua frente. Observe as cores, texturas, cheiros e formas dos alimentos no seu prato. Permita-se realmente perceber a comida com todos os seus sentidos.

4- Antes de dar a primeira garfada ou mordida, leve um pedaço de comida até o nariz e inspire profundamente, absorvendo o aroma. Isso ajudará a aumentar sua conscientização e preparar seus sentidos para a experiência de comer.

5- Ao começar a comer, faça-o devagar e com atenção plena. Mastigue cada pedaço com cuidado e preste atenção à textura e ao sabor dos alimentos. Evite se distrair com dispositivos eletrônicos, televisão ou outros estímulos externos.

6- Enquanto come, mantenha-se presente no momento, permitindo-se desfrutar plenamente da experiência de saborear os alimentos. Se sua mente começar a divagar para pensamentos sobre o passado ou o futuro, gentilmente traga-a de volta para o presente, concentrando-se novamente na comida e na experiência de comer.

7- Ao finalizar a refeição, reserve um momento para refletir sobre como se sentiu durante a prática. Você notou diferenças na sua percepção da comida? Sentiu-se mais presente e consciente durante a refeição?

Desafie-se a praticar essa técnica de *Mindfulness* durante uma refeição todos os dias durante uma semana e observe os efeitos que isso tem em sua experiência de comer e em seu bem-estar geral.

Agora transborde esse exemplo para outras atividades do seu dia. Você pode aplicar as técnicas de *mindfulness* no seus relacionamentos, ouvindo atentamente os outros, estando presente durante as interações ou, enquanto trabalha, melhorando a concentração, a criatividade e a produtividade. Isso pode incluir pequenas pausas para respirar conscientemente ou simplesmente estar presente enquanto realiza suas tarefas. Durante suas atividades físicas, esteja presente em cada movimento e sensação física, conecte-se plenamente ao seu corpo.

PROMOÇÃO DA SAÚDE MENTAL E CARDÍACA ATRAVÉS DE UM ESTILO DE VIDA SAUDÁVEL

Desenvolver um estilo de vida saudável aparece como uma estratégia central na prevenção e tratamento dos impactos da saúde mental na saúde cardiovascular. Uma revisão sistemática e meta-análise de estudos conduzida por Rebar e colaboradores, publicada no "*American Journal of Preventive Medicine*" (2015)[39], destaca a atividade física regular como um efetivo antídoto contra a depressão e a ansiedade, contribuindo também para a redução do risco de desenvolvimento de doenças cardíacas. Esse estudo sublinha a importância de integrar exercícios físicos regulares como parte de um tratamento abrangente para a saúde mental e cardiovascular.

---

39 "A meta-meta-analysis of the effect of physical activity on depression and anxiety in non-clinical adult populations", de Rebar AL, Stanton R, Geard D, Short C, Duncan MJ, Vandelanotte C. American Journal of Preventive Medicine. 2015; 49(3): 278-285. https://www.sciencedirect.com/science/article/pii/S0749379715001995.

A promoção da saúde mental e cardíaca exige uma abordagem integrada que transcende a simples prescrição de medicamentos ou terapias isoladas. Para empresários e empreendedores, cujos estilos de vida são frequentemente caracterizados por horários extenuantes, pressões elevadas e um equilíbrio precário entre trabalho e vida pessoal, incorporar práticas saudáveis no cotidiano é fundamental para manter a resiliência e o bem-estar. Aqui estão estratégias práticas que podem ser implementadas tanto no ambiente profissional quanto no seio familiar para fomentar a saúde mental e cardíaca:

NO AMBIENTE PROFISSIONAL:

- Pausas Conscientes: Incorpore pequenas pausas ao longo do dia para descomprimir e desestressar. Utilize este tempo para práticas de respiração profunda, meditação rápida ou simplesmente para se afastar da tela e olhar pela janela. Essas pausas ajudam a reduzir o estresse e melhorar a concentração.
- Reuniões em Movimento: Sempre que possível, substitua reuniões sentadas por reuniões ambulantes. Além de promover a atividade física, essas reuniões podem estimular a criatividade e a colaboração de maneira menos formal e mais dinâmica.
- Espaços de Trabalho Saudáveis: Crie um ambiente de trabalho que encoraje a saúde e o bem-estar. Isso pode incluir

acesso a luz natural, plantas, uma área de descanso e incentivos para o uso de escadas em vez de elevadores.

- Alimentação Equilibrada: Mantenha opções de lanches saudáveis no local de trabalho, como frutas, nozes e barras de proteína, para evitar a tentação de lanches não saudáveis. Encoraje a hidratação constante disponibilizando água facilmente acessível, além, é claro, do uso da garrafinha de água.

EM FAMÍLIA:

- Atividades Físicas Conjuntas: Promova atividades físicas que possam ser desfrutadas em família, como caminhadas, ciclismo, ou jogos ao ar livre. Isso não apenas estimula a saúde cardiovascular, mas também fortalece os laços familiares.
- Cozinha Saudável em Família: Envolva a família no planejamento e preparo de refeições saudáveis. Isso pode ser uma oportunidade educacional para todos, além de uma maneira de garantir que a dieta da família seja rica em nutrientes essenciais para a saúde do coração.
- Desconexão Digital: Estabeleça zonas ou horários livres de eletrônicos em casa para incentivar a interação pessoal e reduzir o estresse associado ao uso excessivo de dispositivos. Isso pode incluir momentos como o jantar em família ou a hora de dormir.
- Rituais de Relaxamento: Crie rituais de relaxamento antes de dormir que possam ser compartilhados, como leitura, ouvir música

suave ou práticas de meditação. Isso ajuda a promover um sono reparador, fundamental para a saúde mental e cardíaca.

INDIVIDUALMENTE:

- Gerenciamento do Tempo: Aprenda e aplique técnicas eficazes de gerenciamento do tempo, como a metodologia Pomodoro ou a regra do 80/20 (também conhecida como Teoria de Pareto, que diz que 20% do esforço corresponde a 80% dos resultados), para aumentar a produtividade enquanto reserva tempo para o autocuidado.
- Auto-observação: Mantenha um diário de humor e atividade para identificar padrões ou gatilhos que afetam sua saúde mental e física. Essa auto-observação pode ser instrumental na adaptação de estratégias para melhorar o bem-estar.
- Educação Continuada: Invista tempo em aprender sobre saúde mental e cardíaca. O conhecimento é uma ferramenta poderosa para prevenção e pode inspirar mudanças positivas no estilo de vida.

Implementando estas estratégias, empresários e suas famílias podem criar um ecossistema de suporte que promova não apenas o sucesso nos negócios, mas também uma vida longa e saudável. Estas práticas não são panacéias isoladas, mas peças de um mosaico mais amplo de bem-estar que requer comprometimento e consistência.

ESTRATÉGIAS INDIVIDUAIS E AMBIENTAIS:

- Rede de Suporte: Construa e mantenha uma rede de suporte robusta composta por familiares, amigos e colegas que entendem e apoiam seus esforços para manter um equilíbrio saudável entre vida profissional e pessoal. Ter pessoas com quem compartilhar preocupações e sucessos não só alivia o estresse, mas também fortalece sua resiliência mental.
- Hobbies e Interesses Pessoais: Dedique tempo a atividades fora do trabalho que lhe trazem alegria e satisfação. Sejam hobbies criativos, aprendizado de novas habilidades ou voluntariado, essas atividades fornecem uma válvula de escape saudável para o estresse e contribuem para a sua identidade fora do papel de empresário.
- Mindfulness e Atenção Plena: Engaje em práticas de mindfulness para cultivar uma presença consciente e uma conexão com o momento atual. Isso pode ajudar a diminuir a ansiedade e o estresse, melhorando sua capacidade de resposta em vez de reação a situações desafiadoras.

NO ÂMBITO PROFISSIONAL AMPLIADO:

- Cultura Organizacional Positiva: Como líder, esforce-se para criar uma cultura organizacional que valorize e promova o bem-estar. Isso pode incluir políticas de trabalho flexíveis, programas de bem-estar para funcionários e espaços para descompressão e relaxamento.

- Desenvolvimento de Liderança Compassiva: Adote um estilo de liderança que reconheça a importância do bem-estar mental dos colaboradores. Líderes que demonstram empatia e compreensão podem inspirar lealdade e motivação, além de promover um ambiente de trabalho mais saudável.
- Feedback e Comunicação Eficazes: Estabeleça canais de comunicação abertos onde funcionários se sintam confortáveis compartilhando suas preocupações e ideias. Uma comunicação eficaz pode prevenir mal-entendidos e reduzir o estresse no ambiente de trabalho.

Implementando essas estratégias no dia a dia profissional e familiar, empresários podem efetivamente reduzir o impacto do estresse e da ansiedade em sua saúde cardiovascular, ao mesmo tempo em que promovem um ambiente mais saudável e produtivo. A chave é encontrar um equilíbrio sustentável que permita não só o sucesso nos negócios, mas também a prosperidade pessoal e familiar. Assim, a jornada em direção a um "Coração Forte" e uma mente saudável se torna uma viagem compartilhada, enriquecida pelo apoio mútuo e pelo compromisso com um estilo de vida equilibrado e gratificante.

A IMPORTÂNCIA DA ESPIRITUALIDADE E GRATIDÃO NA SAÚDE CARDIOVASCULAR

O papel da espiritualidade e da gratidão na saúde cardiovascular têm ganhado destaque em pesquisas recentes. Um estudo inovador publicado no "*Journal of Religion and Health*" (2020)[40] examinou o impacto da espiritualidade na prevenção de doenças cardíacas, descobrindo que indivíduos com práticas espirituais regulares exibem menores índices de biomarcadores de estresse e uma melhor qualidade de vida, apontando para um efeito protetor significativo contra doenças cardiovasculares.

Estudos recentes começaram a lançar luz sobre como a espiritualidade e a gratidão podem ter efeitos tangíveis na saúde cardiovascular. Essas práticas, longe de serem meramente psicológicas ou emocionais, têm implicações físicas diretas que podem contribuir para a saúde do coração.

BENEFÍCIOS DA ESPIRITUALIDADE NA SAÚDE CARDIOVASCULAR

A espiritualidade tem um papel profundo na promoção da saúde cardiovascular, oferecendo um refúgio para o estresse e ansiedade que frequentemente acompanham a vida moderna. Ao cultivar

40 de ESTON ARMOND, R; de ESTON ARMOND, J; KONSTANTYNER, T; RODRIGUES, C. L. Spiritual Well-Being and Its Association with Coronary Artery Disease. Journal of Religion and Health, Nov 23, 2020. doi: 10.1007/s10943-020-01115-3.

uma prática espiritual - e aqui não me refiro à religião - seja através da meditação, oração, ou conexão com a natureza, indivíduos encontram uma paz interior que contribui para a redução da pressão arterial, melhoria da função cardíaca, e um bem-estar geral. Esse bem-estar espiritual não apenas fortalece o coração, mas também enriquece a mente, criando um ciclo de saúde positiva que ressoa em todos os aspectos da vida.

Como falei, prática espiritual ou espiritualidade nada tem a ver com religião. Trata-se da sua conexão com algo que considere Maior ou Superior.

Além disso, traz os seguintes benefícios:

- Redução do Estresse: Um estudo publicado no "Journal of Religion and Health" observou que indivíduos que participam regularmente de práticas espirituais tendem a ter níveis mais baixos de estresse e ansiedade. O estresse é um fator de risco conhecido para várias doenças cardiovasculares, incluindo hipertensão e doença cardíaca coronariana. A espiritualidade pode oferecer mecanismos de enfrentamento que reduzem os efeitos do estresse no corpo.
- Melhora da Pressão Arterial: Uma pesquisa apresentada no "American Journal of Hypertension" encontrou uma correlação entre a prática regular da meditação transcendental, uma forma de espiritualidade, e a redução da pressão arterial. Isso sugere que tais práticas podem contribuir para o controle da hipertensão, um importante fator de risco para doenças cardiovasculares.

- Impacto na Inflamação: Estudos têm vinculado a prática espiritual com a redução de marcadores inflamatórios no corpo. Uma publicação no "*Psychological Science*"[41] revelou que a oração e a meditação podem diminuir a produção de citocinas pró-inflamatórias, que estão associadas a um aumento do risco de doenças cardíacas.

Portanto, abraçar a espiritualidade pode ser uma estratégia valiosa para a saúde cardiovascular, o que não apenas sugere uma abordagem holística para o bem-estar, mas também destaca a interconexão entre mente, corpo e espírito. Incorporar práticas espirituais na rotina diária tem o potencial de reduzir riscos cardíacos e promover uma vida mais longa e satisfatória. Ao fazer isso, não só cuidamos de nosso coração físico, alcançando um coração forte, mas também nutrimos nossa alma, reforçando a ideia de que a saúde verdadeira abrange muito mais do que apenas o físico.

A seguir apresento algumas sugestões dessas práticas que podem facilmente ser incorporadas à sua rotina diária:

- Meditação Matinal: Dedique alguns minutos todas as manhãs para a meditação, focando na respiração ou em uma intenção positiva para o dia. Isso pode ajudar a estabelecer um estado de calma e foco antes do início das atividades diárias. Esse momento pode ser dedicado a realizar uma oração, que além de oferecer conforto e paz, pode ajudar na redução do estresse.
- Espaço Sagrado no Escritório: Crie um pequeno espaço no seu escritório dedicado à prática espiritual ou reflexão. Este

41 "Positive Affect and Markers of Inflammation: Discrete Positive Emotions Predict Lower Levels of Inflammatory Cytokines", de Stellar, Jennifer E., et al. Psychological Science. https://pubmed.ncbi.nlm.nih.gov/25603133/.

espaço pode conter itens que promovam paz e serenidade, como imagens inspiradoras, velas, ou símbolos de sua fé.

- Pausas para Reflexão: Incorpore breves pausas durante o dia para refletir, orar ou simplesmente estar presente. Esses momentos podem servir como um lembrete da conexão mais ampla com o universo e seu propósito maior.
- Grupos de Apoio ou Estudo: Participe de grupos de apoio ou estudo espiritual com colegas ou outros empresários. Essa interação pode oferecer uma nova perspectiva e apoio em sua jornada espiritual.

DESAFIO

Comece a praticar a espiritualidade alinhada com sua rotina atual. Não quero que você dedique uma hora do seu dia a esse objetivo, mas quero que reveja sua rotina e encontre um pequeno espaço em que consiga acoplar uma momento de espiritualidade. Comece com cinco minutos e já será o suficiente.

Por exemplo, após o café da manhã, antes de sair de casa, geralmente você tem cinco minutos nos quais fica atualizando as redes sociais. Troque esse momento por algo que o conecte com o Sagrado - independente de qual seja sua religião. Pode ser uma rápida oração, algumas palavras de agradecimento ou algumas afirmações positivas para o dia que vem pela frente. Agora torne isso um hábito. Sempre no mesmo horário, na mesma situação, dedique esse tempo para vivenciar momentos assim.

EFEITOS DA GRATIDÃO NA SAÚDE CARDIOVASCULAR:

A prática da gratidão tem sido associada a uma série de benefícios para a saúde cardiovascular. Sentir e expressar gratidão pode levar à redução do estresse, a uma melhoria na qualidade do sono e a um menor risco de doenças cardíacas. Estudos[42] sugerem que a gratidão pode promover comportamentos saudáveis e uma maior motivação para cuidar da própria saúde, além de fortalecer relações sociais que apoiam o bem-estar emocional e físico.

- Melhoria no Bem-Estar Cardíaco: Uma pesquisa divulgada no "Journal of Psychosomatic Research" mostrou que a prática da gratidão pode melhorar a qualidade do sono, reduzir a fadiga e diminuir os níveis de inflamação sistêmica, todos fatores que influenciam positivamente a saúde cardiovascular.
- Redução da Depressão: Considera-se que gratidão é inversamente relacionada à depressão em pacientes com insuficiência cardíaca[43]. Considerando que a depressão é um fator de risco significativo para o desenvolvimento de doenças cardíacas, práticas que promovem a gratidão podem ter um papel preventivo.
- Comportamentos de Saúde: A gratidão tem sido associada a comportamentos mais saudáveis, incluindo maior atividade

42 "Gratitude influences sleep through the mechanism of pre-sleep cognitions", de Wood, A. M., Joseph, S., & Linley, P. A. Journal of Psychosomatic Research.

43 "Gratidão, saúde mental e doença crônica: um estudo de mediação". Journal of Health Psychology, de Wood, A.M., Joseph, S., Lloyd, J., e Atkins, S. 2009.
https://journals.sagepub.com/doi/abs/10.1177/1359105309103576.

física e melhores escolhas alimentares, conforme demonstrado em um estudo na "*Clinical Psychology Review*"[44]. Esses comportamentos contribuem diretamente para a prevenção de doenças cardiovasculares.

Portanto, incorporar a gratidão na vida diária representa uma estratégia simples, mas poderosa, para enriquecer a saúde cardiovascular. Além de seus efeitos positivos no coração, a gratidão aprimora a qualidade de vida, proporcionando uma perspectiva mais positiva e resiliente diante dos desafios. Ao cultivar um senso de gratidão, abrimos caminho para um coração mais saudável e uma vida mais plena e significativa.

Incorpore práticas diárias de gratidão, seja através da escrita em um diário de gratidão ou momentos de reflexão. Reconhecer e apreciar as coisas boas da sua vida pode alterar sua percepção de desafios e estressores, promovendo uma visão mais positiva da vida. Seguem algumas sugestões:

- Momentos de Gratidão em Família: Compartilhe momentos de gratidão com sua família durante as refeições, incentivando cada membro a expressar algo pelo qual é grato. Isso promove uma cultura de positividade e apreço dentro da família.
- Agradecimento aos Colaboradores: Regularmente, expresse gratidão aos seus colaboradores e colegas. Reconhecimento e apreciação podem não apenas melhorar o moral da equipe, mas também fortalecer seus próprios sentimentos de gratidão.

---

44 Wood, A. M., Froh, J. J., & Geraghty, A. W. A. (2010). Gratitude and well-being: A review and theoretical integration. Clinical Psychology Review, 30(7), 890-905. https://doi.org/10.1016/j.cpr.2010.03.005,

- Reflexão sobre Desafios: Tente ver os desafios como oportunidades para crescimento e aprendizado. Refletir sobre como as dificuldades contribuíram para o seu desenvolvimento pode fomentar um sentimento de gratidão até mesmo pelas experiências mais árduas.

DESAFIO

Comece um Diário de Gratidão. Para isso, adquira um diário ou caderninho que poderá utilizar para esse fim e anote nele três coisas pelas quais você é grato ao final de cada dia. Essa prática pode alterar sua perspectiva, focando nas positividades da vida. Dessa maneira, estará cultivando assim uma perspectiva positiva e foco nas "pequenas coisas" que trazem alegria.

INTEGRANDO ESPIRITUALIDADE E GRATIDÃO NA ROTINA

Ao integrar a espiritualidade e a gratidão na rotina diária, empresários podem não apenas cultivar um maior senso de paz e contentamento, mas também adotar um estilo de vida que promove diretamente a saúde cardiovascular. Essas práticas oferecem uma abordagem complementar valiosa ao cuidado convencional do coração, destacando a conexão intrínseca entre o bem-estar mental, emocional e físico.

A interseção entre a espiritualidade, a gratidão e a saúde cardiovascular oferece um campo rico de benefícios potenciais para empresários e empreendedores. Estudos[45] têm demonstrado que a prática regular da espiritualidade e da gratidão pode ter um impacto positivo na saúde do coração, reduzindo o estresse, melhorando a pressão arterial e promovendo um bem-estar geral. Para empresários buscando integrar essas práticas em suas rotinas, a seguir estão estratégias práticas que podem ser facilmente implementadas no cotidiano.

- Início do Dia com Intenção: Comece cada dia definindo uma intenção que alinhe suas atividades com seus valores espirituais e objetivos de gratidão. Isso pode ajudar a manter o foco nas prioridades e no que verdadeiramente importa.
- Práticas de Mindfulness: Engaje em práticas de mindfulness durante o dia, utilizando técnicas como a atenção plena à respiração ou à alimentação. Essas práticas podem aumentar a consciência do momento presente e ampliar sua capacidade de apreciação.
- Círculos de Discussão: Organize ou participe de círculos de discussão sobre temas espirituais ou sobre a prática da gratidão no local de trabalho. Esses encontros podem oferecer suporte mútuo e fortalecer a comunidade empresarial.
- Voluntariado e Doações: Envolver-se em atividades de voluntariado ou fazer doações para causas que ressoam com seus valores espirituais. Atos de generosidade reforçam a gratidão e a conexão com os outros.

A adoção dessas práticas não apenas contribui para a saúde cardiovascular ao reduzir o estresse e promover sentimentos de

45 "A Grateful Heart is a Healthier Heart", de Jim Sliwa, American Psychological Association, 2015. https://www.apa.org/news/press/releases/2015/04/grateful-heart

bem-estar, mas também enriquece a jornada pessoal e profissional do empresário.

A história de Marcos sublinha uma verdade fundamental: para ter um “Coração Forte”, é essencial cuidar não apenas da saúde física, mas também da saúde mental. O coração, nesse contexto, transcende a sua função biológica, simbolizando a fonte de vigor, paixão e resiliência de um indivíduo. Um coração forte, portanto, não é apenas aquele que bate com ritmo regular e sem obstruções; é também um coração resiliente, sustentado por uma mente equilibrada e serena.

Para empresários e empreendedores como Marcos, enfrentar os desafios inerentes ao seu caminho exige mais do que astúcia comercial e uma ética de trabalho incansável; requer também a construção de uma fortaleza interior. Isso envolve reconhecer e tratar a dualidade estresse-ansiedade e seu impacto no coração, dedicando tempo e esforço para cultivar um equilíbrio entre a saúde mental e cardiovascular. A jornada de Marcos é um testemunho do poder da resiliência, da importância do autocuidado e do potencial transformador de olhar além da superfície, abraçando a complexidade da conexão mente-corpo para alcançar uma verdadeira alta performance e um coração verdadeiramente forte.

7

REPOSIÇÃO HORMONAL E VITALIDADE

Em um mundo onde a eficiência e o desempenho são frequentemente medidos pela capacidade de ultrapassar limites, os hormônios desempenham um papel fundamental não só na saúde, mas também na performance. Hormônios como a testosterona, o estrogênio e os tireoidianos são essenciais para manter nossa energia, vitalidade e capacidade de enfrentar os desafios cotidianos. Mas, para empreendedores ocupados, cujo tempo parece nunca ser suficiente, a terapia hormonal surge como uma promessa de rejuvenescimento e maior produtividade.

A terapia de reposição hormonal, quando administrada corretamente, respeitando os limites fisiológicos, pode compensar deficiências hormonais, oferecendo melhorias significativas na qualidade de vida. Estudos científicos[46] apontam benefícios como melhoria na composição corporal, função cognitiva, e redução do risco de doenças crônicas. No entanto, como o próprio nome já diz, é uma *terapia de reposição*, ou seja, quando falta hormônio, a reposição é muito bem indicada. O problema atualmente com a popularização e a facilidade do acesso a esses hormônios é que se levou a uma terapia indiscriminada com doses supra-fisiológicas, aumentando os riscos cardiovasculares.

No entanto, é imprescindível que essa terapia seja acompanhada por profissionais competentes para garantir uma abordagem segura e eficaz, evitando assim os riscos associados ao desequilíbrio hormonal.

Na selva urbana onde cada segundo conta e a pressão por resultados é incessante, Eduardo, um proeminente empresário, encontrou-se preso em uma espiral descendente de exaustão e decréscimo de produtividade. Inicialmente disfarçada como o custo inerente de longas noi-

---

46 Progesterone Receptor Modulator CDB-2914 Down-Regulates Proliferative Cell Nuclear Antigen and Bcl-2 Protein Expression and Up-Regulates Caspase-3 and Poly(Adenosine 5'-Diphosphate-ribose) Polymerase Expression in Cultured Human Uterine Leiomyoma Cells
Qin Xu, Shigeki Takekida, Noriyuki Ohara, Wei Chen, Regine Sitruk-Ware, Elof D. B. Johansson, Takeshi Maruo
The Journal of Clinical Endocrinology & Metabolism, Volume 90, Issue 2, 1 February 2005, https://academic.oup.com/jcem/article/90/2/953/2836827.

tes de trabalho e o estresse diário, a verdadeira causa de seu mal-estar revelou-se muito mais complexa: um desequilíbrio hormonal.

O papel dos hormônios na saúde é fundamental. Essas substâncias, que percorrem silenciosamente a corrente sanguínea, são responsáveis pela regulação de praticamente todas as funções vitais do corpo. Desde o metabolismo da glicose até o ritmo dos batimentos cardíacos, eles são os maestros de uma orquestra cuja harmonia nos permite atingir picos de bem-estar e produtividade.

Os primeiros sinais de que algo estava errado com Eduardo surgiram como uma fadiga intransponível. Não importava o quanto tentasse descansar, o cansaço permanecia, ofuscando sua mente e diluindo sua motivação. Estudos publicados no "Journal of Clinical Endocrinology & Metabolism"[47] ilustram como desequilíbrios na testosterona ou nos hormônios da tireoide podem resultar em sintomas de fadiga crônica, afetando diretamente a capacidade produtiva.

A irritabilidade e a dificuldade em gerenciar o estresse, que antes lhe eram estranhas, tornaram-se frequentes. A pesquisa científica associa níveis irregulares de cortisol, o hormônio do estresse, a essas manifestações, como mostram artigos na *"Neuroscience & Biobehavioral Reviews"*[48], conectando elevações deste hormônio com a degradação da capacidade de lidar com o estresse e alterações no humor.

O corpo de Eduardo também começou a enviar sinais alarmantes. Sua libido diminuiu e, apesar de manter uma rotina de exercícios, ele começou a ganhar peso. A "Endocrine Reviews" traz estudos que ligam alterações na testosterona e nos hormônios tireoidianos a tais

47 Hormones and Aging: An Endocrine Society Scientific Statement
Anne R Cappola, Richard J Auchus, Ghada El-Hajj Fuleihan, David J Handelsman, Rita R Kalyani, Michael McClung, Cynthia A Stuenkel, Michael O Thorner, Joseph G Verbalis. The Journal of Clinical Endocrinology & Metabolism, Volume 108, Issue 8, August 2023, Pages 1835–1874, https://academic.oup.com/jcem/article/108/8/1835/7192004?login=false
Published: 16 June 2023

48 https://www.sciencedirect.com/journal/neuroscience-and-biobehavioral-reviews.

condições, destacando o profundo impacto dessas substâncias no bem-estar físico e emocional.

Em busca de uma solução rápida, Eduardo optou pelo uso de anabolizantes, ignorando os riscos associados. O abuso dessas substâncias pode levar a sérias complicações cardiovasculares, conforme pesquisas na "Circulation" evidenciam, aumentando o risco de infarto e outras condições cardíacas.

A jornada de Eduardo ilustra a complexidade do sistema hormonal humano e a importância de abordar qualquer intervenção hormonal com precaução e supervisão médica. A decisão de utilizar anabolizantes, que resultou em um nível alarmantemente alto de testosterona — surpreendentemente, registrando 2500 ng/dL, muito além do limite superior da normalidade — culminou em um infarto, destacando os perigos da automedicação e da busca por soluções imediatistas para problemas de saúde complexos.

TERAPIA HORMONAL PARA EMPREENDEDORES OCUPADOS

Com o passar dos anos, com a chegada do amadurecimento, é normal passarmos a enfrentar o desequilíbrio hormonal surge como um desafio invisível, mas profundamente impactante em nossa performance diária. Nesse cenário, a terapia hormonal desponta como uma solução promissora, prometendo não apenas o reequilíbrio desse delicado sistema, mas também um salto qualitativo em termos de energia, disposição e capacidade cognitiva. Para o empreendedor que se vê constantemente na corda bamba entre compromissos profissionais e exigências pessoais, esta abordagem pode significar a diferença entre o esgotamento e a plenitude de suas capacidades.

Diversos estudos apontam para os efeitos benéficos da terapia hormonal em aspectos cruciais para o empreendedor moderno. Por exemplo, pesquisas publicadas no "Journal of Clinical Endocrinology & Metabolism" revelam que a otimização dos níveis de testosterona em homens pode levar a melhorias significativas na concentração, na memória e no bem-estar geral, aspectos fundamentais para a tomada de decisões estratégicas e para a manutenção do foco em longas jornadas de trabalho. Além disso, um estudo do "International Journal of Women's Health"[49] sugere que a terapia de reposição hormonal em mulheres, especialmente no período da menopausa, está associada a uma melhora no humor e na capacidade física, permitindo um melhor gerenciamento do estresse e da carga de trabalho.

Contudo, a jornada rumo ao equilíbrio hormonal é pavimentada com a necessidade de precaução e conhecimento. A personalização do tratamento é fundamental, uma vez que a terapia hormonal exige uma avaliação criteriosa e individualizada dos níveis hormonais, além de um monitoramento contínuo para ajustar as dosagens de forma a evitar efeitos adversos. A implementação de mudanças de estilo de vida, como a adoção de uma dieta balanceada rica em nutrientes essenciais e a prática regular de atividade física, é recomendada para maximizar os resultados da terapia e garantir a sustentabilidade dos benefícios a longo prazo.

49 "Prescribing menopausal hormone therapy: an evidence-based approach", de Sood R , Faubion S, Kuhle C, Thielen J, Shuster L. Published 11 January 2014 Volume 2014:6 Pages 47—57.https://www.dovepress.com/prescribing-menopausal-hormone-therapy-an-evidence-based-approach-peer-reviewed-article-IJWH.

A terapia hormonal, embora seja um recurso valioso para muitos empreendedores, carrega consigo um conjunto de advertências. Conforme indicado em estudos como os publicados pelo "American Journal of Cardiology", o abuso de hormônios anabólicos pode levar a graves riscos cardiovasculares, ressaltando a importância de uma abordagem responsável e supervisionada por profissionais. Assim, a decisão de seguir esse caminho deve ser tomada com plena consciência dos benefícios potenciais e dos riscos envolvidos.

Diante dessas considerações, a narrativa dos empreendedores que se aventuram pelo caminho da terapia hormonal é repleta de insights valiosos. Eles reforçam a importância de um acompanhamento médico atento, a necessidade de uma abordagem holística que abrace a saúde em sua totalidade e a indispensabilidade do compromisso pessoal com um estilo de vida que cultive o bem-estar físico e mental. Em resumo, a terapia hormonal para empreendedores ocupados se apresenta não apenas como um meio para reacender o ímpeto e a energia necessários ao sucesso nos negócios, mas também como um convite à reflexão sobre a saúde integral e a qualidade de vida no universo do empreendedorismo.

ATENÇÃO: Não existem pílulas ou fórmulas mágicas. Evite encurtar caminhos. A maneira fisiológica de aumentar sua testosterona é muito melhor e segura que a maneira não fisiológica.

ANABOLIZANTES E O CORAÇÃO

O uso de esteroides anabolizantes androgênicos para fins estéticos e de melhoria de desempenho esportivo tem se tornado uma prática comum, apesar dos riscos à saúde associados. Este capítulo discute o panorama do uso dessas substâncias, os perigos envolvidos, especialmente no que se refere à saúde cardiovascular, e orientações para médicos e usuários.

Os esteróides anabolizantes são derivados sintéticos da testosterona, projetados originalmente para fins terapêuticos. No entanto, seu uso se expandiu para além das prescrições médicas, alcançando a esfera do fisiculturismo e de esportes em geral, buscando a melhoria estética e de desempenho.

Enquanto existem indicações clínicas legítimas para o uso de esteroides anabolizantes, como o tratamento de certos tipos de anemia e hipogonadismo, a utilização dessas substâncias para fins estéticos ou de melhoria de desempenho carece de fundamentação médica e acarreta riscos significativos à saúde. O uso de esteróides anabolizantes está associado a uma série de efeitos adversos no sistema cardiovascular, incluindo:

- Alterações no perfil lipídico, com diminuição do HDL (colesterol bom) e aumento do LDL (colesterol ruim), elevando o risco de arteriosclerose.
- Aumento da pressão arterial, contribuindo para o risco de hipertensão e doenças cardiovasculares.

- Potencial indução de cardiomiopatia, caracterizada pelo aumento patológico do tamanho do coração e comprometimento da sua função.
- Risco aumentado de eventos tromboembólicos, como infarto do miocárdio e acidente vascular cerebral.

ORIENTAÇÕES PARA MÉDICOS

Médicos devem abordar o tema com sensibilidade, buscando compreender as motivações por trás do uso de esteroides anabolizantes. A orientação deve enfocar não apenas os riscos imediatos à saúde, mas também as consequências a longo prazo, enfatizando alternativas seguras e saudáveis para a obtenção dos objetivos desejados por seus pacientes.

ORIENTAÇÕES PARA PACIENTES

Indivíduos considerando ou já utilizando esteróides anabolizantes devem ser conscientizados sobre os riscos associados, particularmente os efeitos adversos no sistema cardiovascular. Recomenda-se buscar orientação médica qualificada e considerar seriamente as alternativas disponíveis que não comprometam a saúde.

Eduardo, mencionado no início deste capítulo, motivado pelo desejo de melhorar sua performance empresarial e sua imagem pessoal, iniciou um regime agressivo de reposição hormonal de testosterona, atingindo doses de até 2.500 mg, muito além do que seria considerado terapêutico ou seguro.

As consequências de sua escolha não tardaram a se manifestar. Eduardo sofreu um infarto, um evento de saúde sério que serviu como um despertar brutal para os perigos associados ao abuso de substâncias como esteróides anabolizantes. Este incidente evidencia os riscos cardiovasculares mencionados anteriormente, como hipertensão, alterações lipídicas e potencial dano miocárdico direto.

Após o infarto, Eduardo se viu obrigado a reconsiderar suas escolhas de vida e saúde. Com o auxílio de uma equipe multidisciplinar de saúde, iniciou o difícil processo de descontinuar o uso excessivo de testosterona, enfrentando tanto os desafios físicos quanto os psicológicos dessa decisão.

A história de Eduardo destaca a necessidade de uma abordagem educativa mais forte sobre os esteróides anabolizantes e a reposição hormonal. Revela a importância do acompanhamento médico cuidadoso, não apenas para aqueles que optam por usar essas substâncias, mas também para profissionais de saúde, que devem estar preparados para identificar e orientar adequadamente seus pacientes.

O uso responsável e informado de esteroides anabolizantes requer uma compreensão clara de suas indicações médicas, limitações e potenciais riscos à saúde, especialmente no que tange à saúde cardiovascular. A educação e o diálogo aberto entre médicos e usuários são essenciais para diminuir os riscos associados e promover uma abordagem mais segura e saudável para a melhoria do desempenho e da estética corporal.

CUIDADOS E ALERTAS COM IMPLANTES HORMONAIS

No cerne de uma sociedade que cada vez mais busca soluções rápidas e eficazes para o bem-estar e a estética, os implantes hormonais surgem como uma promessa de juventude eterna, vigor físico e equilíbrio hormonal. Mas, à medida que adentramos o labirinto de possibilidades que a ciência nos oferece, é fundamental que nos armemos com conhecimento, especialmente quando se trata da saúde do nosso coração, essa máquina incansável que sustenta a vida em cada batida.

Os implantes hormonais, dispositivos minúsculos carregados com hormônios que são liberados lentamente no corpo, prometem regular desequilíbrios hormonais e melhorar uma gama de condições físicas e psicológicas. No entanto, o que muitas vezes é ofuscado pelas promessas de benefícios é a potencialidade desses implantes em desencadear riscos significativos à saúde cardiovascular.

A ciência, em sua busca incessante por respostas, tem apontado para evidências crescentes de que os implantes hormonais podem influenciar de maneira complexa e multifacetada o sistema cardiovascular. Estudos têm demonstrado que, dependendo do tipo de hormônio liberado pelo implante, pode haver um aumento no risco de trombose, hipertensão arterial, alterações no perfil lipídico e até mesmo um impacto direto na estrutura e função do coração.

Por exemplo, o aumento nos níveis de estrogênio, comum em alguns implantes hormonais, está associado a um risco elevado de trombose venosa, um evento que pode ter consequências fatais se um coágulo se desprender e obstruir uma artéria pulmonar. Da mesma forma, implantes que liberam testosterona podem levar a um aumento da pressão arterial e a alterações no metabolismo lipídico, fatores conhecidos por contribuir para o desenvolvimento da aterosclerose, a formação de placas que endurecem e estreitam as artérias, elevando o risco de ataques cardíacos e derrames.

Mais intrigante ainda é a evidência de que os implantes hormonais podem induzir mudanças na estrutura cardíaca, como a hipertrofia ventricular, um espessamento das paredes do coração que pode comprometer sua capacidade de bombear sangue eficientemente. Este é um lembrete solene de que, ao manipularmos os delicados equilíbrios hormonais do nosso corpo, estamos pisando em um território repleto de consequências não intencionais.

Diante dessas complexidades, a precaução se torna nossa aliada mais valiosa. Para aqueles que consideram ou já utilizam implantes hormonais, o acompanhamento médico rigoroso é imperativo. Esse acompanhamento deve incluir avaliações regulares da saúde cardiovascular, monitoramento dos níveis hormonais para assegurar que permaneçam dentro de um espectro saudável e uma vigilância constante para quaisquer sinais de complicações cardíacas.

Além disso, a adoção de um estilo de vida que favoreça a saúde do coração, incluindo uma dieta equilibrada, exercícios regulares, e a manutenção de um peso saudável, pode ajudar a reduzir os riscos associados aos implantes hormonais. A educação sobre os potenciais efeitos colaterais e riscos é também fundamental, permitindo que indivíduos façam escolhas informadas sobre seu uso.

Em suma, enquanto navegamos pelas promessas e perigos dos implantes hormonais, devemos fazê-lo com os olhos abertos para a ciência que nos guia e um compromisso inabalável com a precaução.

Afinal, o coração que bate em nosso peito não é apenas um órgão, mas o guardião da nossa essência e da nossa vida, merecedor do mais profundo respeito e cuidado.

Agora, sob cuidado médico e em processo de recuperação, Eduardo reflete sobre sua experiência quase fatal. Reconhece que a saúde é um equilíbrio delicado e que a verdadeira vitalidade é uma sinfonia tocada com atenção aos detalhes, respeitando os limites do corpo. Sua história serve de advertência sobre os riscos do abuso de anabolizantes, incluindo alterações de humor, riscos cardíacos elevados, e a necessidade de uma abordagem cuidadosa e informada à saúde hormonal.

Entre os empreendedores, a busca pela vantagem competitiva pode às vezes levar ao uso de anabolizantes com o objetivo de aumentar a energia e a performance. Contudo, esta é uma estrada perigosa. Um testemunho marcante vem de um empresário que, na busca incessante pelo sucesso, viu sua saúde colapsar. Aos 45 anos, no ápice de sua carreira, ele sofreu um infarto fulminante, um despertar brutal para os perigos do abuso de anabolizantes. Este evento foi um alerta não só para ele mas para a comunidade empresarial sobre os riscos cardíacos associados ao uso indiscriminado dessas substâncias.

Quanto aos implantes hormonais, uma forma conveniente de terapia hormonal, eles oferecem o benefício da facilidade posológica, ou seja, é administrado uma vez e tem efeito por meses. No entanto, os cuidados e alertas são fundamentais pois não se conhece a farmacocinética da maioria dos implantes, não sabendo ao certo como tais implantes vão responder em cada pessoa e não se consegue retirá-los. Portanto, mesmo apresentando efeitos colaterais graves, o efeito do implante vai continuar por não ser removível. Assim, a decisão por um implante deve ser tomada com um critério maior também por parte do paciente, precisando saber exatamente quais são os efeitos e os riscos daquele procedimento.

A lição mais importante que o empresário compartilha é a da moderação e da responsabilidade. Ele agora advoga por um equilíbrio entre o desejo de melhorar o desempenho e a importância de preservar a saúde. Ele enfatiza a necessidade de buscar orientação médica adequada, optando por abordagens comprovadamente seguras e eficazes para a gestão hormonal.

A narrativa deste capítulo não é apenas sobre hormônios e performance; é um convite à reflexão sobre como valorizamos nossa saúde e bem-estar no caminho para o sucesso. O testemunho vivido por um empreendedor que quase pagou o preço mais alto por negligenciar sua saúde serve como um poderoso lembrete da importância de fazer escolhas conscientes em busca de uma vida plena e produtiva, sem comprometer o bem mais precioso que possuímos: nossa saúde.

8

PREVENÇÃO E MANUTENÇÃO A LONGO PRAZO DO SEU CORAÇÃO FORTE

Numa tarde ensolarada, enquanto refletia sobre o crescimento de sua empresa, a mente do empresário Eduardo inquietava-se não apenas com os próximos passos de sua jornada profissional, mas também com a manutenção de sua saúde, um recurso inestimável que ele havia aprendido a valorizar acima de tudo. Após enfrentar um susto com sua saúde cardíaca, Eduardo devido ao abuso de reposição hormonal, havia se tornado um ávido defensor dos check-ups regulares e medidas preventivas.

"O que muitos não percebem", Eduardo começava a contar a qualquer um que ouvisse, "é que a prevenção é o pilar mais robusto sobre o qual a longevidade é construída. Não é apenas sobre evitar o pior, mas sim sobre otimizar nossa saúde para que possamos viver plenamente a cada dia." Ele falava sobre a importância de check-ups regulares, que se assemelham à manutenção preventiva que seus carros de luxo recebem: cada visita ao médico é uma oportunidade para ajustes finos, para assegurar que tudo esteja funcionando como deveria.

Eduardo implementou em sua rotina exames anuais detalhados, avaliações cardíacas periódicas, e testes para monitorar seus níveis hormonais, garantindo que estivessem sempre em equilíbrio. Além disso, ele adotou medidas preventivas diárias, como uma dieta balanceada rica em vegetais, frutas, proteínas magras e grãos integrais, limitação do consumo de álcool e eliminação do tabaco. "Essas práticas", ele afirmava, "não são apenas um seguro para o coração, mas um investimento na qualidade de vida."

CHECK-UPS REGULARES E MEDIDAS PREVENTIVAS

Para aqueles em busca de um coração saudável e forte, a prevenção e o monitoramento contínuo são essenciais. Abaixo está uma lista de exames cardiológicos recomendados para manter a saúde do coração monitorada:

- Eletrocardiograma (ECG): Avalia a atividade elétrica do coração e pode identificar arritmias, isquemia e outros problemas cardíacos.
- Ecocardiograma: Utiliza ondas sonoras para criar imagens do coração, ajudando a avaliar o funcionamento das válvulas e câmaras cardíacas, além de identificar áreas de baixa perfusão sanguínea e danos ao músculo cardíaco.
- Teste de esforço: Monitora o coração durante o exercício físico, avaliando a resposta cardiovascular ao esforço.
- Holter de 24 horas: Registro contínuo da atividade elétrica do coração durante um dia inteiro, útil para detectar arritmias que não aparecem em um ECG em repouso.
- Monitorização ambulatorial da pressão arterial (MAPA): Monitora a pressão arterial ao longo de 24 horas, identificando variações e ajudando no diagnóstico e manejo da hipertensão.
- Polissonografia do Sono: Exame para avaliar diversas variáveis do sono podendo diagnosticar distúrbios do sono, incluindo a Síndrome de Apneia e Hipopneia do Sono, que tem relação direta com doenças cardiovasculares.

- Ressonância magnética cardíaca: Oferece imagens detalhadas do coração, úteis para diagnosticar uma variedade de condições cardíacas, incluindo problemas nas câmaras e válvulas cardíacas.
- Angiografia coronariana por tomografia computadorizada: Utiliza raios X e um meio de contraste para visualizar as artérias coronárias, podendo identificar bloqueios ou estreitamentos.

A BUSCA ATIVA POR UM CORAÇÃO FORTE

Além da realização periódica de exames, uma busca ativa por um coração forte requer a adoção de medidas preventivas rotineiras, que compõem um estilo de vida voltado para a saúde cardiovascular.

- Alimentação Saudável: Uma dieta rica em frutas, vegetais, grãos integrais, proteínas magras e gorduras saudáveis, como as encontradas em peixes e nozes, fortalece o coração e reduz o risco de doenças cardíacas.
- Exercício Regular: A atividade física regular fortalece o músculo cardíaco, melhora o fluxo sanguíneo e ajuda a controlar o peso, a pressão arterial e o colesterol.
- Gestão do Estresse: Técnicas de relaxamento, como meditação, ioga ou mesmo hobbies relaxantes, podem reduzir significativamente os níveis de estresse, um fator de risco conhecido para doenças cardíacas.

- Qualidade do Sono: Um sono adequado é crucial para a saúde cardíaca. A privação do sono pode levar a problemas como hipertensão, obesidade e diabetes, que aumentam o risco de doenças cardíacas.
- Eliminar os tóxicos: Evitar Fumo e Limitar o Álcool: Fumar danifica as artérias e o coração.
- Espiritualidade: Buscar uma conexão com algo que considere Sagrado e desenvolver uma atividade de gratidão em relação às pequenas coisas boas da vida.

Em meio à agitação da vida cotidiana, pode ser desafiador manter essas práticas de saúde. Contudo, ao considerarmos a saúde do coração como uma prioridade, essas ações preventivas se tornam não apenas factíveis, mas também gratificantes. A jornada em direção a um coração saudável é uma viagem contínua, cheia de escolhas conscientes que, no final, contribuem para uma vida mais longa, plena e vibrante.

ESTRATÉGIAS PARA MANTER UM CORAÇÃO FORTE AO LONGO DA VIDA

Desenvolvi o ***Protocolo 12 por 8*** pensando na saúde do coração de meus pacientes, um método que alia conhecimento médico a um estilo de vida saudável. O objetivo é atuar na causa dos problemas, evitando doenças no futuro, levando a maior longevidade com o mínimo de medicamentos possível, promovendo uma vida mais plena e saudável. Ao identificar as principais necessidade de mudanças, conseguimos colocar em prática todos os pilares deste livro. Através do acesso exclusivo a aulas e conteúdos que preparei, meus pacientes podem compreender melhor seus corpos e aplicar dicas práticas no cotidiano. É uma abordagem que reforça a importância do acompanhamento médico personalizado e da prevenção, pilares essenciais para manter o coração forte.

Ao adentrar no ***Protocolo 12 por 8***, o que ofereço não é apenas um acompanhamento médico, mas uma jornada completa de cuidado agregando os recursos necessários para gerar mais valor ao paciente, ou seja, uma verdadeira parceria para a conquista de uma saúde cardíaca exemplar e, por consequência, uma performance inigualável na vida e nos negócios. Este protocolo nasceu da minha experiência pessoal e profissional, observando a necessidade de um cuidado mais próximo e individualizado, especialmente para aqueles cuja rotina exige muito, física e emocionalmente. Nele, você encontra:

- Acesso Direto a Especialistas: Consultas e acompanhamento direto com um especialista em saúde cardíaca, garantindo atenção individualizada.
- Prevenção e Monitoramento: Foco na prevenção de doenças cardíacas e monitoramento contínuo da saúde do coração.
- Melhora na Produtividade: Saúde otimizada leva a melhor desempenho no trabalho e na gestão empresarial.
- Educação em Saúde: Acesso a informações e orientações sobre como manter um estilo de vida saudável, impactando positivamente a saúde geral.

- Adaptação a Rotinas Empresariais: O protocolo é flexível e adaptado à agenda corrida de empresários, facilitando a adesão ao programa.

A saúde do coração é a fundação de uma vida plena e produtiva. Ao me escolher como seu guia nessa jornada, você terá acesso a um plano personalizado, adaptado à sua vida agitada, garantindo que medidas preventivas, check-ups regulares, e intervenções proativas sejam implementadas de forma eficaz e sem interrupções em seu cotidiano. Este é o meu compromisso com você: um coração forte, uma vida sem limites.

***

Lembra do Eduardo do início do capítulo? Ele descobriu que a atividade física era o combustível para sua produtividade: "Em dias em que me exercito, minha mente parece mais afiada, e eu sou capaz de enfrentar os desafios do trabalho com mais resiliência."

Além do exercício, Eduardo compreendeu a importância do manejo do estresse. Como empresário, ele estava familiarizado com as tensões do dia a dia. No entanto, aprendeu a canalizar essa energia através de técnicas de relaxamento, como meditação e ioga, além de hobbies que o mantivessem mentalmente engajado e emocionalmente satisfeito. "Encontrar tempo para relaxar e fazer o que amo foi fundamental para manter não apenas meu coração, mas todo o meu ser, em ótimo estado", compartilha.

Eduardo também conseguiu incorporar em sua vida estratégia para desfrutar de um sono reparador, de pelo menos 7 a 8 horas, implementando uma rotina noturna que favorece o relaxamento e evita telas e estímulos intensos antes de dormir.

Mas não podemos dizer que foi tudo fácil para o Eduardo. Gerar essas mudanças em seu estilo de vida exigiu muita determinação e comprometimento consigo mesmo e com a sua saúde. "O segredo está na consistência", ele costuma dizer aos amigos e familiares, constantemente impressionados com sua transformação.

Dessa maneira, Eduardo tem um impacto positivo em todos ao seu redor, estimulando-os a igualmente buscarem uma vida plena e saudável. Seu resultado é um lembrete poderoso de que, independentemente de nossas ocupações ou ambições, nossa saúde deve sempre ser nossa maior prioridade.

DESAFIO FINAL:

Agora que você chegou ao final deste livro, é hora de avaliar como se saiu durante os desafios. Na tabela de desafio, você pode fazer uma avaliação para saber se se saiu bem em todos ou se ficou algum a desejar.

		0 (pontos)	1 (ponto)	2 (pontos)
1	Quantas vezes você pratica atividade física por semana?	nenhum	1 a 2 vezes	3 ou mais vezes
2	Quantas horas você dorme por dia?	menos que 6 horas	6 a 7 horas	7 a 9 horas por dia
3	Está satisfeito com seu corpo?	não satisfeito	Pouco satisfeito	Muito satisfeito
4	Como é seu consumo diário de sódio?	> 5g/dia	Entre 2 a 5mg/dia	< 2g/dia
5	Sua alimentação está adequada?	Não está	Pouco adequada	Muito adequada
6	Quantos litros de água bebe por dia ?	Não quantificado	Menos que 1,5 litros	Mais que 1,5 Litros

7	Quantas vezes pratica técnicas ou medidas de relaxamento para o gerenciamento de Stress?	Não pratico	ocasional-mente	diariamente
8	Quantas vezes pratica momentos de conexão espiritual?	Não pratico	Ocasional-mente	Diariamen-te
9	Quantas vezes faz uso de bebidas alcoólicas e tabaco?	diariamente	ocasional-mente	Não faço uso
10	Você vivencia experiência de conexões interpessoais?	Raramente	Mensalmen-te	Semanal-mente.

Pontuação total: [ ]

Agora verifique a pontuação total. Se você atingiu um total de 10 ou mais pontos, você obteve uma excelente dos Desafios, acima da média, concluindo esta fase com sucesso. O objetivo é justamente continuar se aprimorando.

Se você atingiu menos que 10 pontos, você obteve um bom resultado, mas ainda consegue performar melhor. Sempre é uma excelente oportunidade de tentar outra vez.

Mas Lembre, todos esses desafios apresentados ao longo do livro devem ser levados como meta de vida. Você apenas iniciou um ciclo que deve ser reiniciado constantemente.

Lembre-se sempre de buscar o acompanhamento de um profissional da saúde, em especial um cardiologista, para que ele possa fazer uma avaliação clínica completa e determinar o que for necessário para tornar o seu coração um ***coração forte***.

Estarei à disposição para cuidar pessoalmente de você e do seu coração, se esse for o seu desejo. Para isso, basta acessar o QR a seguir para entrar em contato com minha clínica.

Além disso, se este livro fez sentido para você, é provável que também o faça para as pessoas que você ama e para aquelas do seu círculo pessoal e profissional. Sendo assim, fique à vontade para indicar esta leitura para quem também está precisando de um empurrãozinho no cuidado da saúde e do coração.

- acesse https://editorasavi.com.br/coracaoforte/

Por fim, agora você já domina os pilares para alcançar um coração forte, está em suas mãos a oportunidade de dar seguimento ao que aprendeu por conta própria. Então, pratique, estude o que discutimos ao longo do livro e aplique tudo em sua vida diariamente.

Quero também convidar a participar da comunidade **Coração Forte**, na qual tiro diversas dúvidas sobre a saúde do coração e de forma geral e onde você poderá se relacionar com outras pessoas que estão na mesma busca de você por uma vida mais saudável e produtiva.

CONSIDERAÇÕES FINAIS

Para empresários e empreendedores comprometidos com um estilo de vida saudável e alta performance, a manutenção de um coração forte é fundamental. O coração, metaforicamente e fisicamente, representa o núcleo da nossa vitalidade e capacidade de perseguir nossos objetivos com vigor. Portanto, cada escolha feita, seja em relação à dieta, exercício, manejo do estresse ou descanso adequado, deve ser vista como um investimento direto na saúde do coração.

Uma rotina de exercícios regulares, por exemplo, não só fortalece os músculos e melhora a resistência, mas também mantém o coração robusto, promovendo a circulação eficiente e a saúde cardiovascular. Da mesma forma, uma dieta equilibrada, rica em frutas, vegetais, grãos integrais e proteínas magras, apoia não só a energia e o foco, mas também a saúde do coração ao minimizar o risco de doenças cardíacas.

Além disso, um coração forte não se constrói apenas através do que evitamos, mas também através do que abraçamos. Estratégias de manejo do estresse, como meditação e mindfulness, não apenas acalmam a mente, mas têm sido mostradas para melhorar a saúde cardiovascular. O descanso adequado, igualmente, não só recarrega o corpo e a mente, mas ajuda a manter a pressão arterial em níveis saudáveis e reduz o risco de doenças cardíacas.

Ao nos comprometermos com estes pilares de um estilo de vida saudável, não estamos apenas cultivando um coração forte; estamos estabelecendo uma fundação sólida sobre a qual podemos construir nossos sonhos e aspirações. Para o empresário e empreendedor, ter um coração forte é sinônimo de ter a resistência, a paixão e a energia necessárias para enfrentar os desafios, superar obstáculos e alcançar o sucesso sustentável. Portanto, encorajo todos a verem o cuidado com o coração não apenas como uma parte essencial de um estilo de vida saudável, mas como o cerne de uma vida de alta performance.

Seu cardiologista,

Dr. Renato Faria Lobo

SOBRE O AUTOR

Dr. Renato Faria Lobo

É graduado em Medicina pela Universidade Federal de Goiás, com Residência de Clínica Médica pela SES/GO e Cardiologista pelo Hospital Estadual Dr. Alberto Rassi (HGG).

Criador do *Protocolo 12por8*, tem ajudado diversos pacientes a nível nacional a manterem uma saúde cardíaca e a serem cada vez menos dependentes de medicamentos.

Além disso, Dr. Renato Faria Lobo lidera uma comunidade também denominada de Coração Forte, na qual responde a diversas dúvidas de pessoas dos mais diferentes segmentos em relação à saúde do coração, hábitos de estilo de vida e alta performance.

Renato é marido de Agatha e filho de Alvacir e Cida.

Mora em Goiânia - GO.

Instagram: @dr.renatofarialobo

Facebook: /renato.farialobo

Site: www.renatocardiologista.com.br

Whatsapp: +55 62 99985-6242

ANEXOS

PLANNER

CONTROLE DE PRODUTIVIDADE

METAS

- [ ] ______
- [ ] ______
- [ ] ______
- [ ] ______
- [ ] ______
- [ ] ______

ANOTAÇÕES IMPORTANTES

TAREFAS

- [ ] ______
- [ ] ______
- [ ] ______
- [ ] ______
- [ ] ______
- [ ] ______
- [ ] ______
- [ ] ______
- [ ] ______
- [ ] ______
- [ ] ______
- [ ] ______

DIÁRIO NUTRICIONAL

Refeição	Quantidade	Hora	Fome pós 0 - 10	Energia 0 - 10	Água L/dia
Café da manhã					
Lanche					
Almoço					
Lanche					
Lanche					
Jantar					

Observações:

DIÁRIO DO SONO

DIÁRIO DE SONO

Nome:____

Instruções:

1. Use ↓para indicar toda vez que você se deitar na cama e ↑ para indicar quando você se levantar.
2. Pinte os quadrados referentes aos horários que você acredita estar dormindo. Pinte tanto os quadrados referentes aos horários que você estiver dormindo de noite quanto de dia. Deixe os quadrados em branco nos momentos em que você estiver acorcado tanto de dia quanto de noite. Se ficar mais de 15 minutos acordado, deixe na parte do quadrado em branco.
3. Coloque a letra "C" no horário que você tomar café, coca-cola ou chá. Coloque letra "M" quando você tomar algum medicamento.
   Coloque a letra "A" quando você ingerir bebida alcoólica. Coloque a letra "E" quando fizer exercícios.
4. Nas observações, anote os fatos importantes que possa ter ocorrido durante o dia.

		Tarde						Noite							Madrugada					Manhã						
Data	**Dia de semana**	**12h**	**13h**	**14h**	**15h**	**16h**	**17h**	**18h**	**19h**	**20h**	**21h**	**22h**	**23h**	**24h**	**1h**	**2h**	**3h**	**4h**	**5h**	**6h**	**7h**	**8h**	**9h**	**10h**	**11h**	**Observações**
	Segunda																									
	Terça																									
	Quarta																									
	Quinta																									
	Sexta																									
	Sábado																									
	Domingo																									
	Segunda																									
	Terça																									
	Quarta																									
	Quinta																									
	Sexta																									
	Sábado																									
	Domingo																									

PLANEJAMENTO DIÁRIO / SEMANAL / MENSAL

ACOMPANHAMENTO DIÁRIO

ALIMENTAÇÃO

REFEIÇÃO 1:

REFEIÇÃO 2:

REFEIÇÃO 3:

OUTROS:

SUPLEMENTOS-MEDICAMENTOS

ÁGUA

SONO

HORAS DE SONO À NOITE:

SONECAS:

NÍVEL DE CANSAÇO:

PRIORIDADES

COMPROMISSOS

AFAZERES

ATV. FÍSICA

TIPO:

TEMPO TOTAL:

RENDIMENTO:

HORÁRIO:

HÁBITOS

QUAIS VOCÊ SEGUIU HOJE?

SAÚDE MENTAL

COMO VOCÊ SE SENTIU HOJE?

QUAL É SEU GRAU DE PREOCUPAÇÃO-ANSIEDADE?

O QUE VOCÊ FEZ PARA SE SENTIR MELHOR?

PLANEJAMENTO ANTI-ANSIEDADE

LEMBRE-SE: UMA META NÃO ALCANÇÁVEL É UM GATILHO

SEGUNDA __/__/__	TERÇA __/__/__	QUARTA __/__/__	QUINTA __/__/__	SEXTA __/__/__

PLANEJAMENTO MENSAL

D	S	T	Q	Q	S	S

EDITORA
SAVI

Site: www.editorasavi.com.br
e-mail: contato@editorasavi.com.br